Poésie : Luttes et combats

Sous la direction d'Amar Benhamouche
Préface de Rachida Belkacem
3ème édition du Festival « *La Tour Poétique* » de l'Association Apulivre

ISBN : 9782386170416

Sommaire

Préface 7
Remerciements 11

PARTIE I

Amar BENHAMOUCHE : Les chanteurs-poètes kabyles et les transformations politiques de l'Algérie post-indépendante 13
Maggy de COSTER : Portrait croisé de George Sand et Louise Michel : deux avant-gardistes féministes socialistes.... 61

Sarah MOSTREL : La poésie, un engagement.................... 73
Pedro VIANNA : Texte autobiographique........................ 97
Kamel BENCHEIKH : Dans l'amitié de Tahar Djaout... 120
Yasmine MADAOUI : Poésie, le chemin de la thérapie ... 123
Geneviève GUEVARA : La poésie bulle à bulle................ 133

PARTIE II

Hommage à Frédéric TISON 163
Claire BOITEL : Présentation du poète Frédéric TISON165
Entretien de Claire BOITEL avec Frédéric Tison paru dans le numéro 80 de la revue *Poésie/première*, septembre 2021. Avec l'aimable autorisation de *Poésie/première* 167
Claire BOITEL : Choix de poèmes de Frédéric TISON.. 175

PARTIE III
Poésies

Arwa BEN DHIA 183
Rachida BELKACEM 187
Maggy de COSTER 188
Sarah MOSTREL 191
Yasmine MADAOUI 199
Pedro VIANNA 207
Geneviève GUEVARA 208
Claire BOITEL 212
Hanen MAROUANI 213
Leila ELMAHI 219
Alain PIZERRA 221

PRÉFACE

« *Ceux qui vivent sont ceux qui luttent.* »
Victor Hugo

Il ne faut jamais cesser de raconter des vies et d'écrire sur les luttes et les combats des âmes errantes, des mémoires, des lignées d'hommes, de femmes et même d'enfants.

L'engagement des écrivains s'affirme au siècle des lumières au cours desquelles les débats philosophiques ont mené nos sociétés à une forme de liberté d'opinion.

Par les mots, l'écrivain brise le mur de la solitude où il suffoque en permettant l'union des hommes.

Les mots nous aident à nous affirmer, à interpréter une réalité complexe pour faire parvenir un message d'amour, de fraternité et d'espoir.

La puissance de l'écriture vient nous questionner sur le sens de la place de l'être humain dans son existence : songer à construire un avenir meilleur et continuer à éveiller les consciences et éduquer les nouvelles générations.

Les Hommes, selon les endroits, sont parfois privés de leur capacité à se déplacer et à espérer de meilleures perspectives. Alors, la poésie devient parfois un espace de liberté.

L'écriture est un acte de survie, le dernier espoir pour des peuples menacés en quête de liberté afin de préserver leur humanité.

À travers des voix d'auteurs qui se font témoins d'hommes et de femmes aux parcours bouleversants, nous éprouverons leurs luttes et leurs combats.

Écrire sur nos batailles démontre la propension de l'être humain à raconter des témoignages d'une grande fécondité, la nécessité de l'homme à transcender son destin : narrer pour mieux bâtir un destin et faire naître des ruines, l'espoir.

Écriture et liberté pour l'écrivain sont une seule et même substance, écrire comme pour témoigner sur ce qui nous fonde.

Écrire, comme une ode à la liberté, des histoires perdues en chemin que les mots tissent pour ne pas oublier comme un lieu de refuge et de lumière.

Écrire est un lieu, celui des possibles, comme pour oser sa propre poésie afin de dessiner le récit de l'être humain.

Chercher ce qui fait vérité personnelle en édifiant un espace affranchi de toute norme, une vérité indissolublement liée à celle de tous êtres humains.

Honorons quotidiennement la puissance des mots qui nous élève à chaque récit, c'est ainsi que la créativité nous apprend à regarder autrement et à écouter notre souffle de vie.

Un livre comme plaidoyer pour l'amour universel,

une manière d'affirmer que dans l'écriture, la pulsion de vie l'emporte toujours sur la pulsion de mort.

Raconter, c'est bâtir nos libertés.

Rachida BELKACEM

Paris, février 2024

Remerciements

En tant que président de l'association Apulivre, je tiens à remercier infiniment toutes les personnes qui ont contribué à la réussite de ce projet du livre collectif. Je remercie les auteurs et les poètes qui ont participé avec leurs écrits et les Éditions Milot qui nous ont permis de l'éditer.

Après deux éditions du festival de poésie « La Tour Poétique », nous avons voulu que cette troisième édition insuffle un souffle nouveau et propose une approche nouvelle de travail. Nous avons opté pour l'idée d'un ouvrage collectif que nous avons intitulé : « *La poésie, luttes et combats.* »

Comme nous l'avons déjà affirmé, le festival a pour but la promotion de la poésie, la construction de ponts de fraternité entre les peuples et les cultures du monde. Cependant, notre festival n'est pas seulement une propriété exclusive de notre association. Nous pouvons ensemble, à travers un travail collectif, amorcer des débats et des discussions fructueuses et permettre l'éclosion de nouvelles plumes poétiques et littéraires.

Il y a toujours quelque chose qui pousse un poète à composer ses poèmes et/ou à lutter pour une cause à laquelle il consacre sa plume. Le poète, comme toutes les autres personnes, accompagne les transformations sociales et soc iétales, les changements politiques et les bouleversements économiques. Or, de par sa façon personnelle de lire, d'écrire et de décrire le monde, le poète extériorise sa peine, sa rage et sa douleur interne, part de sa vision interne qui devient universelle.

Pour conclure, je tiens à remercier infiniment toutes les personnes qui ont contribué à la réussite de ce projet et de toutes nos activités culturelles. Je tiens aussi à saluer chaleureusement et rendre un hommage particulier aux responsables de la maison de la vie associative et citoyenne du 15ème arrondissement de Paris, qui ont mis à notre disposition tous les moyens nécessaires pour le bon déroulement de nos activités.

Hacene LEFKI
Président de l'association Apulivre

Les chanteurs-poètes kabyles et les transformations politiques de l'Algérie post-indépendante

Amar BENHAMOUCHE

I) Introduction

Les chanteurs-poètes symbolisent une forme derésistanceetdelutte.Ilsontlegénied'employerleverbecomme une arme de guerre. En effet, des voix révoltées, employant le verbe et la musique, s'insurgent contre toutes les dictatures, les systèmes autoritaires, les inégalités sociales, et toutes les formes d'exclusion. Ces voix sont l'âme des peuples réprimés et les poèmes et les chants qu'elles expriment se faufilent dans les cœurs et les esprits des petits et des grands, des femmes et des hommes qui s'en emparent et les chantent.

De Victor Jara à Lounes Matoub, en passant par Fabrizio De André, Lluis Llach, Boris Vian et Bob Dylan, les chanteurs-poètes sont les miroirs de tous les peuples qui aspirent à l'épanouissement. C'est la mélodie qui fait résonner le cri de la rébellion. Toujours au diapason des masses, ils expriment ce combat universel des hommes et des femmes assoiffés de liberté. Ils ressemblent à cette lumière qui luit, qui éclaire la planète et les esprits. Ils sont éternellement vivants et omniprésents dans les esprits. Ils marquent les mémoires collectives de leurs peuples et de l'humanité en général. C'est la résurrection permanente. Leurs mots et chansons galvanisent des foules qui luttent sempiternellement.

La poésie est une véritable expression à travers laquelle, le poète fait resurgir l'inconscient d'un peuple. Dans la société kabyle, les chanteurs-poètes sont ce miroir qui reflète des visages et des regards teintés de douleur, de morosité, mais aussi d'attentes et d'espoir. Ils constituent un mode de résistance contre la fatalité, un rempart à la désillusion, un chemin vers la conscientisation et une expression de liberté. La force du verbe et la musique se conjuguent et lient les chanteurs-poètes à leur public. Ils sont mythifiés et adorés par leurs fans.
À travers son histoire, la Kabylie a connu plusieurs courants politiques, voire des luttes entre les chefs politiques. Malgré cela, les chanteurs-poètes ont toujours incarné l'union et l'unité autour d'un socle commun et fédérateur. Si les politiques ont séparé le peuple, les chanteurs-poètes l'ont fédéré.

La poésie, c'est la contestation de l'ordre établi. Les chanteurs-poètes nous ont conduits dans cette optique depuis les premières années de l'indépendance de l'Algérie. Le déni identitaire et l'exclusion de la langue et de la culture amazighe (berbère), l'islamisation, la moralisation de la société, l'étouffement des libertés démocratiques sont autant de questions qui ont interpellé les chanteurs-poètes kabyles.

Les chanteurs-poètes méritent le respect, la considération et la valorisation de leur travail. Leurs œuvres exprimées en langue kabyle ont une dimension universelle. Elles devraient être enseignées dans les écoles et les universités. Un poète ou un chanteur-poète est un révélateur du passé, un témoin du présent. Mais, il est aussi un visionnaire.

Je vais essayer dans cette contribution de lier les poèmes et chansons de certains chanteurs-poètes avec le contexte politique traversé par l'Algérie pratiquement de 1962 à nos jours.

II) Le paysage politique Algérien depuis 1962 :

II-01) La période de 1962 à 1978 :

La fin de la guerre d'indépendance ne signifia ni « *la paix* » ni « *la liberté* » pour un peuple exproprié de son désir de vivre souverain dans son nouvel État indépendant. En effet, des conflits internes éclatèrent entre les dirigeants historiques de la révolution algérienne laissant un climat d'instabilité s'y instaurer. L'histoire nous a laissé des souvenirs teintés de morosité et de regrets : des luttes intestines et une course effrénée au pouvoir, des liquidations physiques, etc.
Avant l'indépendance déjà, on a assisté à des problèmes d'ordre idéologique, des différences sur la ligne que le pays devrait prendre entre plusieurs tendances du mouvement national. Les arabo-islamistes appuyés par les pays arabes, particulièrement l'Egypte, planifièrent d'ores et déjà l'après-guerre : liquidation et écartement des activistes communistes et berbéristes qui rêvaient d'une Algérie algérienne et plurielle.

Après 1962, le rêve de l'Indépendance s'éclipsa. La démocratie n'était qu'un mirage sous le ciel de cette Algérie. Dictature, exclusion, racisme, despotisme, népotisme, corruption et j'en passe, sont autant de termes qui pouvaient être alors attribués au régime algérien. L'espoir d'une génération de militants et d'hommes et de femmes de courage tels que Abane Ramdane, Hassiba Ben Bouali et Larbi Ben M'hidi tourna au désespoir par une bande de lâches mafieux qui prirent les commandes du pays après 1962.

Le congrès de Tripoli en mai 1962 marqua les désaccords et les dissensions entre les différents leaders politiques et amorça manifestement des luttes de clans, déjà latentes depuis presque l'assassinat d'Abane Ramdane. Une crise entre les différents clans : une armée de l'intérieur réduite en armes et en effectifs après sept ans de guerre et en contrepartie, une armée des frontières appuyée par les Déserteurs de l'Armée Française (D.A.F), cantonnée durant toute cette période aux frontières tunisiennes et marocaines, rentra fraîchement avec une supériorité numérique et avec des armes sophistiquées. Les noces du nouvel État algérien se transformèrent en viol militaro-politique qui fabriqua les modalités d'un régime despotique et autoritaire.

La crise de l'été 1962 fut suivie par la naissance à l'automne 1962 du premier parti de l'opposition, le Parti de la Révolution Socialiste (P.R.S) de Mohamed Boudiaf, et une année plus tard, du Front des Forces Socialistes (F.F.S) de Hocine Ait Ahmed. Ces deux grandes figures de la révolution algérienne incarnèrent une vision démocratique du système politique basé sur le pluralisme politique à l'opposé d'un régime politique qui tenait le pouvoir avec une main de fer. Mais la République dite démocratique et populaire n'était que le leurre d'un despotisme dont les décisions étaient prises par un seul homme tout puissant. Le socialisme promu et censé apporter l'égalité après le départ des colons n'était que de la poudre aux yeux. C'était alors la grande déception et frustration des masses.

« *Exactement le contraire ; et le jour n'est pas loin où les masses ne voudront plus entendre parler de ce socialisme promoteur, dont elles ne recueillent que le sous-emploi, le chômage, alors que les sphères supérieures : une oligarchie de petits bourgeois s'installe dans le confort et les privilèges et s'efforce de dicter sa loi, au nom du socialisme chaque jour différent parce que « spécifique »*.[1]

1 Mohamed Boudiaf, Où va l'Algérie ? éditions Tafat, p 41

« Le socialisme spécifique représente un effort de synthèse entre deux exigences contradictoires : adhésion aux valeurs du monde industriel d'une part, fidélité aux valeurs traditionnelles d'autre part. Cette synthèse n'est sans doute pas satisfaisante à l'heure actuelle, mais il ne faut pas perdre de vue qu'elle n'est pas définitive. Les contradictions idéologiques et réelles se chargeront de le faire évoluer, et il serait logique que les exigences du développement économique entraînent un abandon des valeurs qui s'opposent au progrès matériel. Le socialisme algérien est une combinaison de socialisme scientifique et de nationalisme musulman. Jusqu'à présent, l'élément spécifique est plus important que l'autre.[2] »

En septembre 1963, une année après l'Indépendance de l'Algérie, le Front des Forces Socialistes (F.F.S), très implanté en Kabylie, se mobilisa et prit le maquis. Il organisa une rébellion contre le régime central algérien qui choisit la tyrannie comme mode d'emploi. Cette rébellion fit environ 400 morts, C'était une blessure qui s'ajouta à celles laissées par la France coloniale, causée cette fois-ci par les soi-disant « frères de lutte » d'hier.

Le 19 mai 1965, un coup d'État fut orchestré par les militaires. Par conséquent, le conseil de la révolution, présidé par le Colonel et ministre de la défense Houari Boumédiène, renversa le président de la république Ahmed Ben Bella. Ce coup d'Etat, surnommé «redressement révolutionnaire», permit à Houari Boumédiène de diriger, durant 13 ans, le pays d'une main de fer et renforça le pouvoir et les prérogatives de l'armée dans la gestion des affaires du pays.

---

2 Damien Hélie, Les débuts de l'autogestion industrielle en Algérie, éditions Asymétrie, p 33

Cette période était traversée par des controverses : d'une part, les défenseurs des opprimés et des causes justes où l'Algérie accueillait les révolutionnaires de tous les coins du monde et d'autre part, il asseyait son autoritarisme en muselant toutes les libertés et en interdisant toute forme de pluralisme politique à l'intérieur du pays. Durant son règne, l'opposition politique en Algérie connut l'une des pires périodes de son existence : assassinats, enlèvements, emprisonnements et exils.

II-02) La période de 1978 à 1988 :

Houari Boumédiène n'était qu'un imposteur révolutionnaire qui s'appuyait, comme tous les dictateurs, sur la propagande pour manipuler et séduire les masses populaires. Il fondait sa doctrine politique sur le panarabisme et le socialisme, en vrai, un capitalisme d'Etat. Le 27 décembre 1978, le dictateur meurt, laissant place à une nouvelle ère politique s'ouvrir pour l'Algérie. Le 09 février 1979, le premier secrétaire du Front de Libération Nationale (F.L.N) et le militaire Chadli Bendjedid lui succéda à la tête du pays.

Pendant les années quatre-vingt, un projet d'islamisation s'installe progressivement dans le pays, avec un président de la république cajolant les islamistes et leur octroyant toutes sortes d'avantages. Exemple, en 1980, lors d'un séminaire religieux se tenant à Alger, Mohammed Al-Ghazali, un prédicateur intégriste, est invité par les autorités à participer, alors que ces mêmes autorités restent muettes lorsque Mohammed Arkoun, historien, spécialiste de l'islam, est empêché par des groupes islamistes intégristes de lire sa communication à ce même séminaire auquel il est pourtant, lui aussi, officiellement invité par les autorités algériennes. En 1984, l'ouverture à Constantine de l'université Emir Abdelkader est dédiée aux "Sciences Islamiques", la promulgation du code de la famille qui s'inspire de la loi religieuse musulmane, la «Charia», ainsi que l'introduction des "sciences islamiques" comme matière d'enseignement deviennent obligatoires dans les manuels scolaires dès la première année de l'école primaire.

Né dans une période de marasme social et de crise économique interminable, l'islamisme, comme expression politique, trouve son appui dans les classes populaires marginalisées, déclassées et dépourvues de perspectives. Des groupements islamistes épars apparaissent alors et sont encouragés dans les villes et les universités. Tout le monde se souvient des maquis de Bouali et du tragique assassinant de l'étudiant Amzal Kamel le 2 novembre 1982 dans une résidence universitaire à Alger par des islamistes armés, en majorité des externes à l'université venus en assaut. Ce farouche opposant aux islamistes, membre actif du mouvement berbériste et d'extrême-gauche a été éventré par un sabre par un islamiste au moment où il affichait un appel pour une assemblée générale des étudiants en vue de l'élection d'un comité étudiant autonome, démocratiquement élu. Les années précédentes, le comité était entre les mains des islamistes suite à un coup de force.

Avec une école islamisée, on va produire une population incapable de se défendre et d'affirmer sa citoyenneté. Avec des groupements islamistes, on va faire face aux luttes démocratiques, comme on va inventer par la suite une guerre imaginaire qui va plonger le pays dans la terreur et va faire oublier au peuple ses vrais problèmes. En effet, l'islamisme est l'ennemi de la culture, du progrès, de la femme émancipée, du travailleur, du syndicaliste, etc.

La longue marche pour l'affranchissement du joug islamiste et de toute tutelle se fait à travers la mobilisation populaire et l'auto-organisation : que ce soit dans les villages, dans les quartiers, dans les usines, dans les universités, etc. Aucune parcelle ne pourra être cédée à l'islamisme. Jugulons l'évolution de cette maladie incurable ! Seule la prise de conscience pourrait s'avérer être un remède contre le virus de l'islamisme. Malgré la force des islamistes, des hommes et des femmes résistent admirablement à cette hydre et combattent l'entreprise funeste qu'elle est, destinée à vilipender tout mouvement d'aspiration progressiste qu'il soit sociétal, culturel ou social.

Le 05 octobre 1988 représente une date importante dans l'Histoire de l'Algérie post-indépendance. En effet, elle a marqué une rupture entre un règne sans partage du parti unique, le Front de Libération Nationale (FLN), et une nouvelle ère ; celle du multipartisme et d'un espoir démocratique.

Poussée à la révolte par le marasme économique et le chaos social, la jeunesse n'a trouvé que la rue comme lieu d'expression de son mécontentent. Alger s'embrasa et la contestation se propagea dans plusieurs villes d'Algérie. De son côté, le régime s'inquiéta, il déclara l'état de siège, il mobilisa l'armée et les forces de l'ordre réagirent violemment contre les manifestants. Le bilan de ces émeutes était lourd : 500 morts côté manifestants et de nombreux blessés.

Malheureusement, ce passage au multipartisme avait permis aux islamistes de monter en force et de prendre en otage la société algérienne.

II-03) La période de 1988 à 1999

À partir de 1988, c'est l'ouverture politique en Algérie, une panoplie de partis politiques et d'associations voient le jour. Le 12 juin 1990, les élections locales ont été remportées par le Front Islamique du Salut (FIS). C'était la première élection organisée en Algérie dans le cadre du multipartisme. Les islamistes profitent de la crise économique que traverse le pays, ainsi que de leur implantation dans les lieux de cultes pour propager leurs idées fascistes. Avec un discours populiste et religieux plus facile à introduire dans les esprits, ils arrivent à gagner la masse et à enchaîner les victoires. Le 26 décembre 1991, le FIS arrive en tête au premier tour des législatives devant le Front des forces socialistes (FFS) et le Front de Libération Nationale (FLN).

Le FIS proclame alors le retour à la « Charia » et l'application à la lettre des préceptes de l'islam. Tout ce qui sort de leur cadre de pensée est considéré comme étant une hérésie. Avec l'avènement de cette marée islamiste, la femme commence à perdre davantage sa dignité et sa liberté. La progéniture de Dihya[2] est soumise au verdict des islamistes, la société se voile et la beauté féminine se trouve cachée dans un habit étrange et noir. Un habit inventé par les couturiers impérialistes et inhumains venus du Golf arabique. La tenue vestimentaire du Chaouias ou de Kabylie est substituée par celle de la soumission et de la honte. C'est à cette époque que les islamistes imposent le port du voile intégral pour les femmes et poussent la société à la dérive. En notant également la complicité du régime en place qui fraie la voie à leur prolifération dans le but de contrecarrer les mouvements progressistes qui commençaient à émerger sur la scène politique. Les islamistes véhiculent un discours violent et très rétrograde à l'égard de la femme. Selon eux, vu sa différence biologique, la femme ne doit jamais exercer les mêmes rôles que l'homme. De même, la mixité est interdite, car elle constitue une voie vers la dérive.

Malgré l'arrêt du processus électoral en janvier 1992, la dissolution du FIS en mars 1992 et l'arrestation de plusieurs animateurs de ce parti, le danger islamiste s'accroît de plus en plus. Les intégristes islamistes passent à l'action armée, la violence physique, l'enlèvement, le viol et l'assassinat des femmes constitue le rapport quotidien entre ces inhumains et les femmes qui refusent l'asservissement.

Face à cette situation très critique et dangereuse que traverse le pays, des femmes s'opposent à l'ordre établi et constituent un front de résistance contre le fatalisme intégriste. Des enseignantes, des médecins, des étudiantes, des citadines et des villageoises s'apprêtent à sacrifier leur vie pour leur liberté. Des associations féminines naissent dans la douleur pour affronter le monstre intégriste, à l'image de « *Tighri n T'metouth* »[3] à Tizi Ouzou, "Association Indépendante de Triomphe des Droits de la Femme" (AITDF), "Rassemblement Algérien des Forces Démocratiques" (RAFD), etc. Même s'il y a une convergence sur le principe et le but des luttes de ces associations féministes, elles divergent cependant sur la manière de mener celles-ci. D'un côté, il y a celles qui cautionnent l'intervention de l'armée pour parer au danger islamiste et d'un autre côté, on trouve celles qui contestent l'intervention de l'armée.

Ce n'est pas la biologie qui définit le rôle de la femme dans la société, mais c'est l'équité partagée et démocratique. La civilisation qui a établi un ensemble de valeurs et de mœurs qui ont évincé la femme. L'éducation a été l'élément par lequel la société phallocrate a pu s'imposer à travers l'histoire.

---

3 Le Cri de la Femme

L'image de la femme est assimilée à son corps. La femme est depuis longtemps considérée comme une monnaie d'échange ou une esclave qui n'a de fonction que de servir l'homme. La morale, la religion et l'ordre économique ont favorisé davantage l'ordre patriarcal et la domination masculine.

Après la victoire du FIS au premier tour des élections législatives, organisées le 26 décembre 1991, l'armée intervient et arrête le processus électoral avant le deuxième tour prévu pour le 16 janvier 1992. Les événements d'octobre 1988 ont permis l'avènement du multipartisme en Algérie. Mais le discours politique qui trouve plus de résonance chez les classes populaires est celui des islamistes. Le régime algérien et le FIS entrent en confrontation, ce qui a pour corollaire la dissolution des mairies tenues par ce parti politique, le verrouillage de toutes ses activités et l'instauration de l'état d'urgence en février 1992. Le parti islamiste est alors déclaré « Hors la Loi ». La branche armée de ce parti, l'Armée Islamique du Salut (A.I.S.), est créée en juillet 1992. Durant une décennie, la terreur se répand dans le pays, le sang coule à flots et le peuple algérien est claquemuré entre l'horreur intégriste des islamistes et la dictature des militaires au pouvoir.

Dans ce contexte opaque, des tentatives sont initiées pour parvenir à des décisions consensuelles entre le régime et les islamistes d'une part, et entre l'opposition démocratique et les islamistes d'autre part. Dans ce cadre, l'année 1995 a connu deux événements marquants : la rencontre de Sant'Egidio à Rome et la loi de la « *Rahma* » qui signifie la loi de la «clémence», adoptée sous la présidence de Liamine Zeroual.

II-04) La période de 1999 à 2019 :

À peine arrivé au pouvoir en avril 1999, Abdelaziz Bouteflika ouvre secrètement les portes du dialogue avec les islamistes. Dans la continuité de la loi de la « Rahma », Abdelaziz Bouteflika propose une nouvelle loi «La Concorde Civile», qui est adoptée par le parlement en juillet 1999 et par voie référendaire en septembre 1999. Cette loi vise à amnistier et à intégrer dans la vie sociale les islamistes qui déposeraient leurs armes, mais seulement dans le cas de la non-participation à la commission de crimes, notamment des meurtres et des viols. Outre la quiétude, les intégristes armés obtiendront une pension à vie à titre d'anciens maquisards !

Et pour tourner définitivement la page de la décennie noire, le président Abdelaziz Bouteflika propose une charte pour la paix et la réconciliation nationale, adoptée par un référendum en septembre 2005. Elle prévoit une indemnisation des familles des disparus, une amnistie pour les islamistes qui n'ont pas les mains tachées de sang et une immunité aux agents de l'État ayant participé à la lutte antiterroriste. De ce fait, le régime défriche le terrain pour ses propres projets. Par contre, la menace intégriste est une réalité concrète qui persiste encore en Algérie, mais sous une autre forme. Après une décennie sombre et maculée du sang d'innocents, l'islamisme est devenu l'allié objectif du régime militaro-bourgeois, qui a su trouver un compromis : « À vous la société et à nous le pouvoir ».

La société, produit d'une institution supérieure dominante, prend sa cible sur tout élément qui s'écarte de son positionnement idéologique, qui prône le progrès comme une

devise ou qui aspire au changement radical. Elle a été sculptée par les tyrans, par ceux qui veulent aveugler et subordonner éternellement le peuple. La classe dominante a institutionnalisé l'ignorance comme une fabrique d'aliénation. Elle s'en sert pour pérenniser son pouvoir et contrôler efficacement la société. Elle monopolise toutes les institutions ; école, justice, défense nationale, médias, et en corollaire, l'ouvrier est l'esclave du patron, la femme est la servante de l'homme, l'enfant est la marionnette des adultes, l'environnement est la victime du capital industriel. La pensée dominante est l'œuvre du dominant pour écraser le dominé. Le régime a trouvé un moyen efficace pour affaiblir l'Algérie, et particulièrement l'indomptable Kabylie qui le dérange tant. La volonté d'anéantir tout un patrimoine culturel et tout un héritage social est assez remarquable par un rythme d'islamisation galopant : construction de mosquées et de centres islamiques, lancement de chaînes de télévisions islamistes, etc.
Le pouvoir a mis en marche un processus d'aliénation. Un peuple aliéné n'est plus en possession de lui-même, c'est comme un corps sans âme. Dans un pays comme l'Algérie où l'on a assassiné entre autres des Tahar Djaout, Lounes Matoub et où l'on menace de mort des journalistes, des écrivains, des artistes, on peut légitimement se demander quel pays cherche-t-on à bâtir ?

La raison a disparu en laissant place à la désillusion. L'érudit est soumis à l'ordre impitoyable des incultes. Le délire religieux se hisse en modèle de gouvernance dans une Algérie qui souffre économiquement, socialement et culturellement. Dans ce désert culturel et ce vide abyssal, le discours religieux trouve bien sa place, car la nature a horreur du vide. En désespoir de cause, la jeunesse désœuvrée voit son salut dans la religion.

Les autorités algériennes, qui ont voulu tourner la page de la décennie noire, ont scandaleusement reçu en juin

2014, au palais d'El-Mouradia, l'ancien cadre du FIS, qui a, par le passé, reconnu ses crimes. Au même moment, on chasse les non-jeûneurs, on s'attaque aux intellectuels, aux travailleurs de tous les secteurs et aux démocrates. Madani Mezrag, ancien chef de l'Armée Islamique du Salut (A.I.S[4]), est reçu en qualité de « personnalité nationale » par Ahmed Ouyahia, directeur de cabinet de la présidence de la République, dans le cadre des consultations sur la révision de la Constitution algérienne de mars 2016.

4 Armée Islamique du Salut, bras armé du FIS

III) La question linguistique

On estime qu'il existe environ 7000 langues dans le monde dont plusieurs risquent de disparaître dans les années à venir. Plusieurs facteurs déterminent cette inquiétante situation : l'usage des nouvelles technologies, l'hégémonie culturelle et l'influence de l'économie mondiale. La mondialisation galopante tend à simplifier la communication et uniformiser le marché mondial dans le but de faciliter la libre circulation des capitaux et des marchandises. Cela conduit à des similitudes dans les styles vestimentaires, les habitudes alimentaires, la codification des langages à travers le monde.

Dans ce contexte alarmant, les minorités culturelles et linguistiques font face à la discrimination et au rejet dans de nombreux pays, souvent perçus comme des sources d'instabilité et de division nationales. Cette attitude reflète un égocentrisme effréné et à l'exclusion d'une couche de la population. Les amazighs (berbères), en particulier dans la région de Kabylie en Afrique du Nord, sont une énigme historique. Des invasions successives et ont été marqués par des conflits durables, leur culture et leur langue résistent.

Les débuts de la revendication culturelle (amazigh) berbère remontent aux années 1940 dans cette région. Cette revendication émerge au sein du mouvement national algérien, où des militants nationalistes algériens, principalement originaires de la Kabylie introduisent la question de l'identité nationale à travers le concept de « *l'Algérie algérienne* ». Cela devait impliquer la reconnaissance de la diversité culturelle du peuple algérien, a fortiori l'identité amazigh (berbère) en tant que composante essentielle de l'identité nationale.

Dans les premières années de scolarité en Algérie, les enfants n'ont pas accès à l'enseignement de leur langue maternelle, que ce soit tamazight (le berbère) ou l'arabe algérien, communément appelé le « Derdja ». Le débat sur les langues en Algérie est souvent empreint d'idéologie et de sentiments, plutôt que d'objectivité et de rationalité. En ce qui concerne le « Derdja », il diffère de l'arabe classique enseigné dans les écoles et utilisé dans les institutions officielles de l'État algérien.

« *L'arabe algérien est donc le résultat du contact de l'arabe classique et du berbère initialement, forme nouvelle qui se distingue nettement de l'arabe classique mais surtout qui s'enrichit de toutes les influences linguistiques des populations qui ont transité par l'Algérie des siècles durant* »[5] .

La sacralité octroyée à la langue arabe classique a empêché en conséquence l'introduction de l'arabe algérien « Derdja » dans les écoles algériennes et l'avancement de l'enseignement du tamazigh (berbère). La tranche conservatrice dans la société algérienne ou de la classe politique algérienne voit de mauvais œil toute volonté politique qui tend vers la promotion de l'arabe algérien « Derdja » ou du tamazight. Cette dernière est souvent conçue comme une menace à l'existence de la culture musulmane en Algérie et en Afrique du Nord.

En ce qui concerne le tamazigh, des travaux ont été entamés dans la clandestinité, depuis les années soixante et soixante-dix, par des militants berbéristes. En 1967, une association culturelle, l'Académie Berbère d'Échanges et de Recherches Culturels (A.B.E.R.C) régie par L'Association loi 1901, naquit à Paris. Cette association culturelle, qui avait pour but la promotion et la vulgarisation de la langue et la culture amazigh (berbère), était fondée par des intellectuels

---

5 Chafia BENMAYOUF, Arabisation politique, Le linguicide ! Éditions Koukou, p37, 38

et des militants kabyles, dont Bessaoud Mohand Arab, Margueritte Taos Amrouche, Hanouz Mohand Saïd et Abdelkader Rahmani. En 1969, elle serait rebaptisée Académie AgrawImazighen[6]. Malgré les divergences entre les partisans d'une approche académique et ceux privilégiant une approche populaire et politique, l'association a fourni un travail inestimable, notamment la publication de revues et d'écrits sur l'histoire des Amazighs et de l'Afrique du Nord, l'adoption de l'alphabet tifinagh[7], la sensibilisation de la diaspora kabyle à la question identitaire et la conception d'un drapeau culturel pour les Amazighs.

Dans la même période, on a assisté à la naissance, en 1972, du Groupe d'Études Berbère (G.E.B) à l'Université Paris VIII (Vincennes). En 1973, l'ouverture à l'Université Paris VIII (Vincennes), d'un enseignement du tamazight, assuré par M'Barek Redjala. Ce groupe, connu sous le nom de *groupe de Vincennes*, regroupa plusieurs éléments actifs et brillants dont on peut citer : le dramaturge Mohia, Hend Sadi et Ramdan Achab.

Le Printemps Berbère 1980 signifia cette rupture radicale avec l'ordre politique établi dans le sens de la remise en cause des fondements de la nation algérienne et d'une volonté accrue d'une refondation de l'État-Nation. La genèse de ce mouvement révolutionnaire remonte à la fin des années soixante-dix. Le terrain de l'activité politique bouillonnait dans les universités d'Alger, essentiellement dans les cités universitaires, qui sont devenues un foyer de résistance clandestine. Les étudiants kabyles, de différentes sensibilités politiques et d'opinions diverses, étaient très engagés dans les différentes luttes étudiantes et dans le combat démocratique. Le régime algérien, fondé sur une pensée unique et un parti unique dont la matrice idéologique est l'arabo-islamisme,

6 Académie Rassemblement des Berbères

7 Une écriture utilisée par les amazighs (berbères) depuis l'antiquité

sentant venir une menace de cette opposition, commença à chercher à la juguler et contrecarrer son influence grandissante. Et pour arriver à ses fins, le régime algérien, agissant en amont, dressa les islamistes à Alger et construisit un pôle universitaire à Tizi Ouzou pour éloigner les étudiants et l'élite kabyle de la capitale. Mais, cette stratégie fut un échec pour le régime et une victoire pour l'opposition démocratique. En effet, l'Université de Tizi Ouzou, ouverte en 1977, devenait l'avant-garde des combats démocratiques et identitaires : étudiants, enseignants et travailleurs s'impliquaient dans la mêlée.

D'octobre à novembre 1979, les étudiants de l'université de Tizi Ouzou, sous l'égide de « la délégation des étudiants », entamèrent une grève générale et illimitée jusqu'à la satisfaction de leur revendication principale : une organisation estudiantine libre et démocratique détachée des structures de propagande officielle. L'implication de toute la communauté universitaire, (étudiants, enseignants et travailleurs), dans ce grand mouvement de grève poussait le régime à céder aux revendications des étudiants ; naissance du comité autonome des étudiants de l'Université de Tizi Ouzou. Pour capitaliser cet acquis, les étudiants, membres de ce comité autonome, ont créé « *l'université portes ouvertes* » qui avait pour but le rapprochement de l'université du reste de la population et d'inviter à l'Université toute personnalité interdite : écrivains, chanteurs, comédiens, et bien d'autres. La première conférence qui devait se tenir le 10 mars 1980, animée par l'écrivain et anthropologue Mouloud Mammeri autour de son dernier livre « Poèmes kabyles anciens », fut interdite par le pouvoir algérien à travers le Wali (le préfet) de Tizi Ouzou. Cette interdiction déclencha le lendemain, 11 mars 1980, la première grande manifestation de l'Histoire de l'Algérie post-indépendance, décidée la veille par les étudiants de l'Université de Tizi Ouzou. Les principales revendications

étaient centrées sur les libertés et la reconnaissance de la langue berbère et de l'arabe algérien. Et depuis cette fameuse date, la Kabylie a investi le terrain de la lutte frontale et radicale contre le régime algérien.
Cette grande révolte populaire encadrée par une élite intellectuelle et politique kabyle ou même arabophone, s'était accompagnée d'un séminaire à Yakouren « Tizi Ouzou » en août 1980. Ce séminaire rassembla des militants du mouvement culturel berbère composé de spécialistes (en histoire, sociologie, linguistique, cinéma, théâtre…etc.), ainsi que des citoyens autodidactes. Ce séminaire a abouti à la publication d'un document qui porte sur trois principaux axes :

1-Le problème de l'identité réelle du peuple algérien et la reconnaissance officielle de ses deux langues : tamazigh et arabe algérien ;

2-Le problème des libertés d'expression ;

3-Le problème de la culture dans le développement de la société.

Fin août 1994, le Mouvement Culturel Berbère (MCB) appela à «une grève de cartable» et un boycott de la rentrée scolaire 1994-95, jusqu'à ce que l'État algérien reconnaisse la langue Amazigh et l'introduise dans les différents cycles de l'enseignement. Scindé en deux parties, pour des raisons politiques et idéologiques, le M.C.B-coordination nationale et le M.C.B-commission nationale, convergèrent cependant vers cet appel au boycott. Durant une année, le secteur de l'enseignement, du cycle primaire au cycle universitaire, était paralysé, et cela malgré les différends entre les animateurs de ce boycott scolaire. En dépit des dissensions au sommet, la base populaire est restée unanime quant à la nécessité de dépasser toutes les divergences partisanes et de lutter pour une cause commune : la reconnaissance de la langue et de la culture berbère. Parmi les résultats de ce boycott scolaire, la création d'une institution consacrée à la langue et la culture Amazigh : le Haut Conseil Pour l'Amazighité (H.C.A) et l'introduction de la langue berbère dans le système éducatif algérien, à partir de la rentrée scolaire de septembre 1995.

Le 18 avril 2001, un jeune lycéen, Guermah Massinissa, fut assassiné par balles par la brigade de gendarmerie de la commune de Beni Douala, à 17 km du chef-lieu de la wilaya (préfecture) de Tizi Ouzou. Ce crime déclencha un grand mouvement de révolte et de contestation en Kabylie, nommé par la suite «le printemps noir de Kabylie». Pour contenir et accompagner cet élan contestataire, un mouvement citoyen «Les Archs», s'inspirant de l'organisation villageoise traditionnelle kabyle, naquit. Il se structura et contribua à la nomination des délégués des régions et des villages de Kabylie.

Le 11 juin 2001, à El Kseur, une plateforme de 15 revendications a été adoptée par des représentants de sept Wilayas (préfectures) en prévision de la manifestation du 14 juin à Alger qui a rassemblé plus de deux millions de personnes. Cette plateforme devait être remise à la présidence. Hélas ! La manifestation a été réprimée par les forces de l'ordre, causant la mort de huit personnes, des centaines de blessés et de disparus, ainsi que des arrestations massives.

Durant ce printemps noir, la jeunesse s'attaqua à tous les symboles de l'État : centres d'impôts, palais de justice, banques, brigades de gendarmerie, commissariats de police, et même les sièges des anciens partis politiques implantés en Kabylie : le Front des Forces Socialistes (F.F.S) et le Rassemblement pour la Culture et la Démocratie (R.C.D).

Les élections législatives de mai 2002 et les présidentielles d'avril 2004 ont été bannies de Kabylie, malgré la participation Front des Forces Socialistes (F.F.S) aux législatives de 2002 et de Saïd Sadi, le président du Rassemblement pour la Culture et la Démocratie (R.C.D) aux présidentielles de 2004. Le printemps noir de Kabylie a laissé de grandes séquelles chez la population de la région : 130 morts, des milliers de blessés et une grande déception par rapport à certains leaders du mouvement.

Après une année d'émeutes en Kabylie, le Parlement algérien adopta le 8 avril 2002 un amendement constitutionnel en octroyant au tamazigh (le berbère) un statut de deuxième langue nationale après l'arabe.

Dans le cadre de la révision constitutionnelle de mars 2016, la langue Amazigh (berbère) était promue langue nationale et officielle, mais officiellement, elle reste inférieure à la langue arabe.

« Le statut de langue officielle est différent de celui de langue nationale en ce que l'enjeu est plus important concernant l'officialité d'une langue. Alors la reformulation des deux articles 3 et 3bis devra être plus complexe. En effet, les énoncés des amendements de ces deux articles de la Constitution sont clairement formulés à dessein : pour la langue arabe, prévoir la consolidation de sa place en la maintenant en position prépondérante ; quant au tamazight, décliner une officialisation en pipeau, autrement dit, inopérante. Voici donc les éléments du package deal fomenté autour de l'officialisation de tamazight. À partir de là, il n'est pas permis de douter que l'esprit du texte portant constitutionnalisation du tamazight en tant que langue nationale et officielle n'est pas neutre. Le tamazight sera bien officiel, oui ! Mais au sens que voudraient lui donner les décideurs. Alors, présenter pompeusement la fausse bonne nouvelle de l'officialisation et dissimuler les vraies mauvaises nouvelles qui se nichent dans les détails »[8].

Cependant, l'officialisation du tamazigh et la fondation de l'Académie algérienne de langue amazigh (berbère) en 2017 n'ont pas su jusqu'à présent lui permettre de jouir des prérogatives d'une langue nationale et officielle. En effet, les enfants entament leur enseignement primaire en arabe classique dès la première année et démarrent l'apprentissage des deux langues étrangères, le français et l'anglais, dès la troisième année. Alors que l'enseignement du tamazigh n'est assuré qu'à partir de la quatrième année primaire et de manière facultative.

Toute langue a besoin d'un État qui la prenne en charge et en assure la promotion. La langue berbère (ou kabyle) reste une langue minorée, bien qu'elle ne soit pas minoritaire.

« Il convient de préciser qu'une langue minorée n'est pas forcément minoritaire (elle peut même être majoritaire, comme c'est nettement le cas du guarani au Paraguay ou du galicien en Galice) »[9].

---

8 Mohand-OulhadjLaceb, Encore le tamazight en Algérie (2003-2016). De l'officialisation et des tergiversations, *in Études et Documents Berbères*, N° 39-40, Paris, Éditions La Boite à Documents , p241

9 Henri Boyer, Présentation, *inrevue Éla*, N° 143 juillet-septembre 2006, Paris, Éditions Klincksieck, p 261

Actuellement, des revendications diverses émergent de la région, allant du fédéralisme à l'indépendance, par le biais des forces politiques et actives en Kabylie. Le Professeur Salem Chaker a été un précurseur de l'idée autonomiste au début des années quatre-vingt-dix : statut d'autonomie culturelle de la Kabylie. Les débats, les discussions, les rencontres et les publications se multiplient avec l'élargissement du noyau autonomiste en 1996 (avec notamment un groupe de militants très actifs, à l'image de Malika Baraka, Aziz Tari, Mohamed Tilmatine et d'autres). En mars 2002, c'est l'organisation du séminaire d'Équancourt avec la publication d'un livre collectif : « Kabylie, l'autonomie en débat ».

Après les événements tragiques du printemps noir de Kabylie, un Mouvement pour une Kabylie Libre « MKL» est né et il a vite disparu, laissant place à la naissance du Mouvement pour l'Autonomie de la Kabylie, dont l'ancien militant du Mouvement Culturel Berbère (MCB) et chanteur contestataire Ferhat Mehenni a été désigné porte-parole. Ce mouvement a ultérieurement évolué vers une orientation, devenant le Mouvement pour l'autodétermination de la Kabylie « MAK ».

IV) Lounis Ait Menguellet et Lounes Matoub : deux voix révoltantes

Sans minimiser le rôle important qu'avait joué les autres chanteurs-poètes kabyles dans l'éveil des consciences, nous portons notre choix sur deux grands chanteurs-poètes, Lounis Ait Menguellet et Lounes Matoub comme exemples dans l'accompagnement et la narration des événements politiques qu'ont vécus l'Algérie et la Kabylie. Cela dit, leurs œuvres prolifiques ont accompagné plusieurs générations depuis le début de leur carrière artistique.

Lounis Ait Menguellet est né le 17 janvier 1950 à Ighil Boummas, un village perché sur les hauteurs de la chaîne montagneuse du Djurdjura en Kabylie. Il composa sa première chanson lors de son passage à l'émission radiophonique iyennayen uzekka (les chanteurs de demain) à la radio chaîne 2 (radio d'expression kabyle), en 1967. En effet, ce passage lui avait valu un grand succès et de l'admiration du grand poète, chanteur et compositeur kabyle Chérif Kheddam, l'animateur de cette émission.

Au début de sa carrière artistique, Lounis Ait Menguellet séduisait la jeunesse kabyle avec ses chansons d'amour, et vers la fin des années soixante-dix, il commença à aborder avec une profondeur philosophique des thématiques politiques.

Le célèbre écrivain algérien Kateb Yacine faisant l'éloge du poète-chanteur Lounis Ait Menguellet dans la préface du livre de l'anthropologue Tassadit Yacine avance à son sujet :

« *Incontestablement, Lounis Ait Menguellet est aujourd'hui notre plus grand poète. Lorsqu'il chante, que ce soit en Algérie ou dans l'émigration, c'est lui qui rassemble le plus large public : des foules frémissantes, des foules qui font peur aux forces de répression, ce qui lui a valu les provocations policières, les brimades, la prison. Il va droit au cœur, il touche, il bouleverse, il fustige les indifférents* [10]».

LounesMatoub, surnommé *le Rebelle*, est né le 24 janvier 1956 dans le village de Taourirt Moussa, commune d'Ait Douala en Kabylie. Il était connu comme un farouche opposant au régime algérien et aux islamistes, un vaillant porte-parole de la cause identitaire amazighe et un grand défenseur de la laïcité et de la démocratie en Algérie. Il commença sa carrière artistique en 1978 et il était connu pour la richesse de sa production au cours de ses vingt ans de carrière.

Le 5 octobre 1988, l'Algérie connut un grand mouvement de contestation populaire. Le 9 octobre 1988, accompagné de deux étudiants, à bord de sa voiture, allant distribuer ce tract, il appela la population d'agir dans le calme et la vigilance et à deux jours de grève générale les 10 et le 11 octobre. En arrivant à la commune de Ain El Hammam, un gendarme algérien tira à bout portant cinq balles de Kalachnikov sur Lounes Matoub. Cet événement traumatique avait laissé des séquelles chez Lounes Matoub, qui échappa miraculeusement à la mort.

La nuit du 25 au 26 septembre 1994, Lounes Matoub avait été enlevé par un groupe islamique armé, dans un bar non loin de la ville de Tizi Ouzou. Grâce à une grande mobilisation populaire en Kabylie, le poète-chanteur avait été libéré le 10 octobre 1994.

Son combat acharné contre les islamistes et le régime algérien

---

10 Tassadit Yacine, Ait Menguellet chante ...Chansons berbères contemporaines, préface de Kateb Yacine, Editions La Découverte, p 19.

lui avait coûté cher. Le 25 juin 1998, Lounes Matoub fut assassiné. De nos jours, sa voix résonne encore et son combat inspire de nouvelles générations de Berbères et d'autres peuples en quête de liberté.

IV-01) Extraits de poèmes chantés par Ait Menguellet et Lounes Matoub

Après sept ans de guerre et de sacrifices pour libérer l'Algérie et permettre au peuple de vivre souverain, c'est la déception. Lounis Ait Menguellet décrivit cette déception et la chanta en 1977 dans sa chanson intitulée « *Le soleil* [11]» dont nous vous présentons un extrait :

Le soleil qui brille
N'est point à moi mais aux autres
La beauté des belles choses
N'est point à moi mais aux autres
Tout ce que les hommes amassent
N'est point à moi mais aux autres
Il n'est rien qui soit à moi
Tu le vois bien
Mon ami ah !
II me reste les yeux pour pleurer

Quand la neuve peine est arrivée
La vieille venait de finir
À peine et de dire adieu
Quand I'ancienne blessure a guéri
Une nouvelle m'est échue
Juste après, que me reste-t-il maintenant ?

11 Tassadit Yacine, Ait Menguellet Chante, Éditions La Découverte, p 169

Mon ami ah !
Que les yeux pour pleurer

De son côté Lounes Matoub écrivait et chantait non seulement la confiscation de cette indépendance. Il a écrit et chanté sur l'insurrection de la Kabylie en 1962 contre le régime putschiste de Ahmed Ben Bella. Ce poème intitulé « Réveillez-vous, compagnons[12]» dont on vous présente un extrait :

En dix-neuf cent soixante-trois,
Nos villages furent ébranlés :
Souvenir violent, épreuve d'hier !
Qui donc apporta la rage
Et l'offrir à tous comme viatique ?
-Les hommes vaillants ont péri
Les traitres ont incendié nos oliveraies,
Fait trembler les collines ; torses nus
Nous avons affronté le crachat des mitrailles,
Bien qu'ils aient ainsi succombé, nombreux,
En nos cœurs longtemps enfouie,
La parole qui travaille notre souffrance,
Aujourd'hui face à eux, nous la clamerons.

Lounis Ait Menguellet a bien décrit la situation politique en Algérie et la nature du régime durant les années soixante et soixante-dix. Le premier poème chanté en 1992, intitulé « *Que Dieu vous maudisse !*[13] » décrit la roublardise d'un

12 Yalla Seddiki, Lounès Matoub, mon nom est combat, Éditions La Découverte, p 22

13 Amar Abba, Inig, voyag dans poétique de Lounis Ait Menguellet, Éditions Frantz Fanon, p 133

régime qui usa de tous les moyens possibles pour régner et contrôler le peuple.

Quand la lutte a commencé
Chaque homme à s'y être engagé
Croyait que c'était pour la liberté
Alors que pour vous, tout était calculé
L'objectif, c'était le pouvoir
Pas le colonialisme
Quand vous vous en êtes emparé
Rien pour nous, tout pour vous
Vous avez appelé cela la Révolution
Que Dieu vous maudisse !

Le brasier une fois éteint
A laissé veuves et orphelins
Blessures et larmes
Celui qui y a été de bon cœur
A laissé sa maison déserte
Vous êtes restés
Avez enchaîné le peuple
Et lui avez dit : marche ou crève
Vous avez appelé cela l'Indépendance
Que Dieu vous maudisse !

Le pays est devenu votre bien
Vous en avez joui à votre guise
Entre vous
Vous avez eu tout ce que vous désiriez
Personne ne pouvait s'y opposer
Le peuple regardait en spectateur
C'est comme si vous aviez hérité de ce pays
Quiconque contestait, vous répondiez c'est ainsi !

Vous nous disiez : c'est cela le Socialisme

Dans un poème, intitulé « La *brume* »,[14] et chanté en 1979, il nous parlait de ces années où tous les opposants politiques et les anciens maquisards et révolutionnaires se furent exilés. Voici un passage de ce chef-d'œuvre :

Mon cœur refuse
D'admettre que vous ayez disparu
Il vous cherche
Et vous trouve en rêve

Où êtes-vous
Où êtes-vous allés
Vous que les temps ont trahis ?

L'angoisse renaissante
A fait de mon cœur sa demeure
En moi elle a trouvé
Tout ce que son cœur désire
Où êtes-vous ?
La joie de votre présence
Lui fera quitter son asile

Pour sa part, Lounes Matoub évoqua en chanson la déception de l'après-guerre de libération et l'atrocité du régime algérien des années soixante et soixante-dix. Il nous a laissé un chef-d'œuvre chanté en 1991, intitulé « regard sur l'Histoire d'un pays damné [15]» :

---

14 Tassadit Yacine, Ait Menguellet Chante...Chansons berbères contemporaines, Éditions La Découverte, p 303

15 Yalla Seddiki, Lounès Matoub, mon nom est combat, Éditions La Découverte, p 115,116

La France n'en a épargné aucun
Les guides éclairés sont tous bien morts.
Ceux qui dilapident leur sacrifice,
Pendant l'âpre combat se terraient.
1962 : liberté reconquise.
De toutes parts ils accourent, se concertent.
Ils se font instigateurs de nos malheurs.
Une fois apprêté leur valet,
Ben Bella, on applaudit son triomphe.
Mais il avait oublié qui l'avait affaité.

Lui guettait comme un chacal famélique,
Sachant l'imposture en ses fondations.
Celui qui gênait sa marche au pouvoir,
Était infailliblement assassiné.
Les comploteurs de nouveau se concertent,
Et des chères montagnes du Djurdjura
Ils se jurent l'ébranlement.
Ils essaiment leurs meutes armées
Pour déchiqueter le Kabyle.
Deux ans durant
Le brasier consumait, dévorant sans répit.
C'est que Boumediène agitait ses pantins ;
Et qui s'insurgeait était terrassé,
Lui sur son siège vautré.

Notre terre, notre terre de terreur se saigne,
Ses saints protecteurs même
Vont dans un exil sans retour.
Anéantis, les hommes de l'équité ;
Ah, yeux ! Versez vos torrents alors !

L'injustice étend les frontières de ses supplices
Toutes ces années vécues dans le deuil Nous hurlons de détresse
Et nous gémissons bouche bâillonnée.

Que d'années funestes
La terreur n'a pas cessé d'étouffer le peuple
La peur engendre l'injustice
Le mutisme est maître des langues.
Notre terre est source d'épouvante
Qu'un pauvre maudit rejoigne leur amitié,
Sous un bandeau ils capturent son regard.
Ils le mutilent et le supplicient ;
Des yeux de ceux qu'il aime, il sera banni.
S'il en réchappait sa raison serait égarée ;
S'il en réchappait son cerveau serait déjà dévasté.

Le printemps berbère 1980 qu'on a évoqué dans l'exposé a bien marqué les deux poètes-chanteurs.

Lounis Ait Menguellet parlait de cet événement et de son importance dans l'Histoire de la lutte identitaire des Amazighs (Berbères) dans sa célèbre chanson : « le chemin de la jeunesse[16] » :

Lors des émeutes de quatre vingt
Ceux qui vous connaissent se souviennent
Que depuis des lustres
Nous avons laissé notre langue dépérir
Ce fut le pauvre enfant de la montagne
Comme toi qui étais à l'avant
Quand les autres arrivèrent
La révolte se généralisa

---

16 Amar Abba, Inig, voyag dans poétique de Lounis Ait Menguellet, Éditions Frantz Fanon, p 177

La langue est à présent relevée
Époussetée, *toilettée*
Elle se retrouve parmi les siens
Quiconque la connaît ne l'abandonnera plus

Une année après les événements du printemps berbère 1980, Lounes Matoub rappela ces événements dans une chanson intitulée « Deuil sur El-Wad Aïssi[17] ». Lounes Matoub fit de « *El-Wad Aïssi* » allusion à une résidence universitaire à Tizi Ouzou.

Deuil sur El-Wad Aïssi,
Depuis le début des émeutes,
Nuit venue, soldats grimpant à l'assaut.
Tous les villages alertés,
Le peuple afflua vers Tizi.
Toutes les rues bouillonnaient ;
Pourquoi bouillonnaient-elles ?
Ce n'est pas la démence !
Nous voulons la liberté,
Allons, avant qu'ils nous mènent au peloton,
Tels que nous fûmes, nous serons ;
Si des luttes se déclarent,
Le fils succédera à son père succombant
Hommes du pouvoir, pourquoi ce supplice ?
Voyez, nous ne sommes pas un troupeau :
Les fondations de notre patrie sont visibles.
Tamazight épanchera ses richesses
Et nous crèverons de l'abcès funeste :
Il n'est pas d'être qui n'ait de racines.

L'arrivée de Chadli Bendjedid à la tête du pays n'avait rien

17 Yalla Seddiki, Lounès Matoub, mon nom est combat, Éditions La Découverte, p 42

changé.

Lounis Ait Menguellet décrivait cette période des années quatre-vingts dans une belle chanson intitulée : « il était une fois[18] » :

Un pays devenu
Prison de fer
Nous enfermant derrière ses portes
Quand nous appelons
On nous répond
Taisez-vous tant que nous serons là
Il était une fois
Quand le couteau est sur gorge
La vérité sortira-t-elle de la bouche
Il était une fois
Quelqu'un sacrifie sa vie
Et personne ne s'en soucie
Ils sont complices
Ceux en qui nous croyions hier
Vieille recommandation
Refuser de vivre sous la botte
Le dernier se vengera
Tout ce qu'ils nous ont dit
Même le chemin qu'ils nous ont indiqué
Nul ne sait où il mène
Ils ont clos leur réunion
Se sont entendus sur nos têtes
Eux savent, nous restons dans l'ignorance

Lounes Matoub avait une production prolifique

18 Amar Abba, Inig, voyag dans poétique de Lounis Ait Menguellet, Éditions Frantz Fanon, p 118,119

durant cette décennie. Il était directement touché par les événements d'octobre 1988 quand il frôla la mort. Il parlait de ces événements et rendait hommage aux victimes de cette tragédie dans une belle chanson « regard sur l'Histoire d'un pays damné »[19]:

Le printemps a nourri la rage,
Le peuple bouillonne de part en part.
Notre terre n'a engendré nul bienfait,
Les eaux accrues se sont déversées sur elle.
Le monde entier est notre créancier,
L'infection ronge la moelle de nos os,
Se dressèrent ceux que le malheur a brisés,
Que l'issue fût bonne ou mauvaise ... n'importe !

Combien de jeunes gens ont succombé !
Qui s'insurge est roulé dans la fange.
Moi-même je suis emporté dans le tourbillon
De la tragédie d'Octobre.
Une brèche s'ouvrira-t-elle à notre quête,
Terrasserons-nous ce qui est néfaste ?
L'Algérien aura-t-il sa part de repos
Et reconnaîtra-t-il son identité ?

L'injustice s'est creusée d'une fissure
D'où s'épanche la clarté.
Que ceux qui ont péri reposent en paix,
Ils nous lèguent la mémoire de leur martyre.
Nous serons les comparses de ce coquin,
De ce celui-ci et de cet autre, puisqu'ils sont
Savants et que nous sommes un troupeau,
À quoi bon accabler un sort ingrat !

---

19 Yalla Seddiki, Lounès Matoub, mon nom est combat, Éditions La Découverte, p 117

La montée de l'islamisme n'avait pas laissé les deux poètes-chanteurs indifférents.
Lounis Ait Menguellet décrivait ainsi les islamistes dans sa chanson intitulée « notre pays [20]» :

Pauvre de toi
Bout de bois sauvage
Tu as grandi sans greffe
Tu ne portes nul fruit
Tu n'es pas instruit, tu ne transmets aucun savoir
Tu n'es ni intelligent, ni perspicace
Et tu espères être choisi par Dieu !

Lounes Matoub fit presque la même description dans sa chanson « les monstres [21]» :

Les monstres
Jamais ils ne comprendront,
Jamais ne se feront comprendre :
Famine et souillure
Sont leur parti.
C'est l'Algérie dévoyée d'aujourd'hui
Qui les a engendrés...
C'est l'Algérie-Tamazgha de demain
Qui les fera crouler.

Ils ont apporté les troubles,
Et les corbeilles d'opium.
Vers la terre de nos ancêtres

---

20 Amar Abba, Inig, voyag dans poétique de Lounis Ait Menguellet, Éditions Frantz Fanon, p 130

21 Yalla Seddiki, Lounès Matoub, mon nom est combat, Éditions La Découverte, p 41

Ils dirigèrent leurs pas.
Leur arsenal, c'était ce joug :
Le livre du Malheur,
Afin de changer les mœurs
Des montagnes de l'honneur.

Les assassinats et la psychose régnante ont fait réagir les deux chanteurs-poètes. Aussi rendirent-ils hommage aux intellectuels assassinés durant cette période.
En 1995, Lounis Ait Menguellet compose une chanson intitulée « le voyageur de la nuit[22] ».

Si tu sais où tu vas
Alors, ferme ta porte
Ne te retourne pas, ne pleure pas
Ecoute tes pas dans l'obscurité
Leur bruit tu entendras
La peur de la nuit sera ta compagne
Il faut la vaincre ou s'y soumettre
La cause en laquelle tu croyais
Renonces-y ou elle t'emportera
Quatre-vingt-dix-neuf balles
La centième t'attend
Voyageur de la nuit

Si la tempête t'épargne
Si elle te laisse faire de vieux os
Tu leur diras
Comme nous étions
Tu leur décriras notre vie
Un genou à terre
Attendant l'autre

22 Amar Abba, Inig, voyag dans poétique de Lounis Ait Menguellet, Éditions Frantz Fanon, p 142,143

Le temps passe sans que nous sachions
S'il se relèvera ou l'autre rejoindra
Prends garde que le jour ne te rattrape
Il pourrait t 'emporter
Quatre-vingt-dix-neuf balles
La centième t 'attend
Voyageur de la nuit

Au point du jour
La tempête t'a emporté
L'appel de la paix s'est brisé
Nul ne saura la nouvelle que tu as emportée
Tu es né le soir
Tu as vécu une nuit
Les ténèbres ont recouvert ton nom
Tu es mort sans avoir revu le jour
Tu es tombé au petit matin
Laissant l'espoir derrière toi
Quatre-vingt-dix-neuf balles
La centième t'a emporté
Voyageur de la nuit

En 1993, Lounes Matoub rendit un vibrant hommage aux intellectuels algériens assassinés par la horde intégriste dans la chanson intitulée « Kenza [23]».

Ils ont scellé notre sort dès longtemps,
Avant ces jours de tragédie.
Les persécuteurs de la connaissance
Sur notre terre étendent la désolation
Ils ont tué Rachid Tigziri

---

23 Yalla Seddiki, *Lounès Matoub, mon nom est combat*, Éditions La Découverte, p 147

Smaïl, ils ne l'ont pas manqué.
Ils ont tué Liabès et Flici,
Boucebsi et tant d'autres encore.

S'il devait n'en rester qu'un il rappellera notre souvenir.
Sur les plaies la croûte apparaîtra.
Nous nous dresserons parmi les autres nations,
Notre descendance sera nombreuse
Fût -ce dans le giron des épreuves.

La condition de la femme dans la société algérienne et kabyle a été abordée dans les textes des deux chanteurs-poètes.

Lounis Ait Menguellet rendait un hommage à la femme en 2014 dans une chanson intitulée « la femme [24]» :

Elle venait au monde dans le silence, on ne la célébrait pas
C'est ainsi jadis, qui ne s'en souvient pas
Plongé dans la tristesse, son père ne s'en réjouissait pas
Pourtant dès son premier sourire, de félicité le soleil rayonnait
Ouvrons les yeux, honore-la, c'est ta fille
Honore-la, c'est sa fille, c'est notre fille à tous.

Elle veille sur son frère jusque dans son sommeil
C'est son cadet, il est sous sa protection
Elle s'y consacre même quand il fait le grognon
Elle l'aime si fort qu'à lui elle remet son sort

---

24 Kacem Madani, lundi 7 mars 2022, « Tameṭṭut », Lounis Aït Menguellet en toute pédagogie !, https://lematindalgerie.com/tameṭṭut-lounis-ait-menguellet-en-toute-pedagogie

Ouvrons les yeux, honore-la c'est ta sœur
Honore-la c'est sa sœur, c'est notre sœur à tous.

Sous le voile dissimulée ou avec les cheveux détachés
Que les proches l'envient, que la lune se surprenne à la jalouser
Dedans ou dehors, dans la retenue elle doit se cantonner
Face à nos préférences elle prend son mal en patience
Ouvrons les yeux, honore-la, c'est ton épouse
Honore-la, c'est son épouse, c'est notre épouse à tous.

Elle tremble d'anxiété quand son fils tarde à rentrer
Pour lui elle a donné sa vie et tout sacrifié
Pour elle nous nous querellons croyant la protéger
Alors que c'est elle qui nous soutient, c'est notre pilier
Ouvrons les yeux, honore-la, c'est ta mère
Honore-la, c'est sa mère, c'est notre mère à tous.

En toute occasion offre-lui un bouquet de fleur
Montre-lui combien elle préoccupe ton cœur
Que ce soit ta fille, ta sœur, vielle ou plus jeune
Que ce soit ta mère, ta grand-mère, ou une étrangère
Ouvrons les yeux, prenons garde à la respecter
C'est la Femme, le pilier de la société.

Dans son dernier album paru en 1998, Lounes Matoub rend hommage à la femme et s'attaque au conservatisme de la société kabyle et algérienne portant sur la répression de la femme. La chanson s'intitule : « Libre et femme[25] ».

Ils font germer l'infamie : tu es dévoyée,

25 Yalla Seddiki, Lounès Matoub, mon nom est combat, Éditions La Découverte, p 197

Tu en as charmé d'autres avant de me sourire.
Il n'est pas de lieu où ton corps n'ait joui,
Avant que mon cœur ne s'éprenne de toi.
Je comprends tes désirs !
Je te pardonne !
Tu as fait lever le soleil sur l'hiver de ma vie.
Tel est ton désir,
Tu as vaincu la fatalité de la saison humaine,

A présent, à moi d'affronter les obscurantistes.
Une fille affranchie est vouée au bannissement,
Fût-elle savante en toutes choses.
Qui a déchu de la noblesse d'âme des siens,
Noue des graines de millet dans les ténèbres.
Celle qu'ils désirent :
Une qui chausse
Des sabots pour être leur portefaix.
Celle qu'il leur faut :
Une femme qu'ils accableront
Et qu'ils souilleront de ce qu'ils ont en haine.

Je ne suis pas de ceux qui dénient, qui renient
La bonté dans les mœurs de nos ancêtres.
Mais l'homme de progrès est celui qui œuvre
À trancher les jougs qui humilient notre dignité.
À quoi bon ? Les piteuses giries du nanti qui,
Dans sa chair, n'a jamais souffert l'oppression !
À quoi bon ?
Les piteuses giries de l'homme indigne
Contre ceux qui ont des desseins libérateurs !

Le statut politique de la Kabylie a divisé l'opinion publique Kabylie et particulièrement l'élite intellectuelle et artistique.

Lounis Ait Menguellet a émis des critiques virulentes et acerbes au sujet du projet des leaders de la mouvance autonomiste ou indépendantiste kabyle. Ce qu'il consigna dans une chanson intitulée « Oncle Yidir[26] » qu'il a chantée pour la première fois :

Oncle Youcef
Nous nous croyions heureux
Alors que notre sort était scellé
Pris dans la tourmente
L'un à l'article de la mort
L'autre profitant tant qu'il peut
L'un ayant rencontré son destin
Laissant un orphelin dans les pleurs
Notre compte est bon
Les malins ont pris le meilleur
Nous restons avec quelques monticules à partager la malédiction

Vers la fin de sa vie, Lounes Matoub n'a pas cessé de parler d'un État fédéral ou même d'un État kabyle. Lors du gala qu'il avait donné au Zénith de Paris en 1997, Lounes Matoub a dit : « *Et ce n'est pas utopique de dire qu'on voudrait une république de Kabylie* ».

Dans son dernier album, il composa un poème intitulé « Imposture[27]» qui donnait à l'hymne national algérien une autre version en kabyle. Dans un passage de ce grand poème, Lounes insista sur le fait que le régime ne lâche pas son règne et que le montagnard ou le kabyle ne pourra jamais

26 Amar Abba, Inig, *voyage dans la poétique de Lounis Ait Menguellet*, Éditions Frantz Fanon, p 153

27 Yalla Seddiki, Lounès Matoub, mon nom est combat, Éditions La Découverte, p 190

gouverner. À la fin, il proposa de se détacher de l'État central sans préciser la nature du statut politique que la Kabylie prendra.

Il n'est pas d'espoir à guetter,
En s'accotant sur la patience.
Le montagnard ne verra pas son règne, fût-il savant et esprit sagace.
Sur la main de l'injustice les boutures sont faites
Sa récolte est tragédie.
Ils ont sali le visage de nos ancêtres
Il est souillé, ranci.
Ils ont peint à la chaux
L'atroce grimace de la religion et du panarabisme
Sur le visage de l'Algérie :
Imposture ! Imposture ! Imposture !

Comme dans le conte vous êtes les portefaix.
C'est là votre sort.
Si vous pensez qu'ils vous ouvriront leur porte
Vous êtes bons à duper.
Car celui qui une fois goûte à la chair de la perdrix,
N'en sera jamais rassasié.

Que nous fassions de notre pays une partition :
Tel est le remède ; ainsi nous l'épurerons
Pour qu'enfin ce jour arrive, mes frères, Où l'Algérie se relève
De l'Imposture ! L'Imposture ! L'imposture !

V) Conclusion :

La mémoire collective du peuple kabyle est attachée à ces deux grandes figures de la poésie, de la chanson et de la lutte pour la l'identité amazigh (berbère). Aujourd'hui, elles représentent une référence de cette lutte identitaire pour tous les Amazighs d'Afrique du Nord. Leurs œuvres sont impérissables et d'une valeur inestimable pour la Kabylie et l'humanité. On conclut avec les extraits de deux poèmes de Lounes Matoub et Lounis Ait Menguellet :

« Quand la mer sera devenue désert,
Ce jour-là nous refuserons Tamazight[28]»

Lounes Matoub

« Jadis, l'un le disait à l'autre
Mais, aujourd'hui écrivons-le
Pour que nos descendants le trouvent[29]»

Lounis Ait Menguellet

---

28 Yalla Seddiki, Lounès Matoub, *mon nom est combat*, Éditions La Découverte, p.41

29 Tassadit Yacine, *Ait Menguellet chante...Chansons berbères contemporaines*, Editions La Découverte, p.472

Bibliographie

Ali GUENOUN, *La question kabyle dans le nationalisme algérien 1949-1962*, Vulaines-sur-Seine, Éditions du Croquant, 2021.

Ali HAROUN : *L'été de la discorde : Algérie 1962,* Alger, Éditions Casbah, 2009.

Ali YAHIA-ABDENOUR : *Lettre ouverte au système politique et au dernier pouvoir qu'il a engendré*, Alger Éditions Koukou, 2016
Amar Abba, *Inig, voyage dans poétique de Lounis Ait Menguellet*, Boumerdès, Éditions Frantz Fanon, 2021.

Amar MOHAND-AMER : *La Crise du FLN de l'été 1962,* Boumerdès Éditions Frantz-Fanon, 2023.
Arezki ABBOUTE : Avril 80, le prix de la dignité, Alger, Édition Tafat, 2020.

Arezki AIT LARBI, Avril 80, *insurgés et officiels du pouvoir racontent le « printemps berbère »,* Alger, Éditions Koukou, 2010.
Badr'Eddine MILI : *L'opposition politique en Algérie,* Alger, Éditions Casbah, 2015.

Chafia BENMAYOUF, *Arabisation politique, le linguicide !* Alger, Éditions Koukou, 2023.

Damien HÉLIE, *Les débuts de l'autogestion industrielle en Algérie*, Toulouse, éditions Asymétrie, 2018.

Khalida MESSAOUDI, *Une algérienne debout*, Paris, Édition Flammarion, 1995.

Madjid BOUMEKLA, *Académie berbère : genèse et question identitaire,* Auto édition, 2022.

Mohamed BOUDIAF, *Où va l'Algérie ?* Alger, éditions Tafat, 2013.

Mohand-Aârav BESSAOUD, *Heureux les martyrs qui n'ont rien vu*, Alger, Éditions Koukou, 2014.

Saïd Sadi, *Algérie : l'échec recommencé ?,* Tizi-Ouzou, Éditions Frantz Fanon, 2015

Tassadit YACINE, *Ait Menguellet chante…Chansons berbères contemporaines*, Paris, Éditions La Découverte, 1989.

Yalla SEDDIKI, *Lounès Matoub, mon nom est combat*, Paris, Éditions La Découverte, 2003.

Revues :

Henri BOYER, Présentation, *revue Éla*, N° 143, Paris, Éditions Klincksieck, juillet-septembre 2006.

Mohand-Oulhadj LACEB, *Encore le tamazight en Algérie (2003-2016). De l'officialisation et des tergiversations*, in Études et Documents Berbères, N° 39-40, Paris, Éditions La Boîte à Documents, 2018.

Articles de presses :

Kacem MADANI, « Tamettut », *Lounis Aït Menguellet en toute pédagogie*, *https://*lematindalgerie.com, lundi 7 mars 2022.

Amar BENHAMOUCHE

Portrait croisé de George Sand et Louise Michel : deux avant-gardistes féministes socialistes

Par Maggy DE COSTER

Georges Sand et Louise Michel sont deux grandes figures féminines et féministes nourries des idées socialistes progressistes. L'une a combattu par la plume, l'autre, passionnée, modèle de dignité et de ténacité a mené sans concession une lutte acharnée contre l'injustice.

Dans cette optique, nous nous proposons de faire ressortir les convergences et les divergences dans leurs cheminements. Cependant, notre propos n'est pas de verser dans une analyse du contenu des œuvres respectives des deux protagonistes, d'ailleurs très abondantes, mais d'établir un parallèle entre les voies et moyens des deux femmes de lettres engagées dans la lutte contre l'injustice en étudiant les modes opératoires de chacune d'elles.

George Sand

Née à Paris le 1er juillet 1804, Amantine Aurore Lucile Dupin de Francueil, fille de Maurice Dupin de Francueil et de Sophie-Victoire Delaborde, est l'arrière-petite fille du Maréchal Maurice de Saxe du côté paternel, elle a donc un pied dans la l'aristocratie et un pied dans la classe populaire et pour cause, elle dira :

« *On n'est pas seulement l'enfant de son père, on est aussi un peu, je crois, celui de sa mère. Il me semble même qu'on l'est davantage, et que nous tenons aux entrailles qui nous ont portés, de la façon la plus immédiate, la plus puissante, la plus sacrée. Or, si mon père était l'arrière-petit-fils d'Auguste II, roi de Pologne, et si, de ce côté, je me trouve d'une manière illégitime, mais fort réelle, proche parente de Charles X et de Louis XVIII, il n'en est pas moins vrai que je tiens au peuple par le sang, d'une manière tout aussi intime et directe ; de plus, il n'y a point de bâtardise de ce côté-là. »*

La romancière eut recours à un subterfuge pour cacher son identité sexuelle afin d'éviter le rejet du sérail littéraire. George est synonyme de force dans la tradition berrichonne et Sand n'est que le raccourci du nom de son amant Jules Sandeau avec lequel elle écrit *Rose et Blanche ou la Comédienne et la religieuse*, paru en 1831 sous le nom de J. Sand. Notons que c'est par l'entremise de son amant qu'elle fera ses premiers pas de journaliste dans le Figaro et fera aussi la connaissance de Balzac.

Leur Éducation :

Les deux femmes eurent en commun la vénération de leurs grands-mères maternelles respectives par qui elles ont été élevées.

Avec sa grand-mère bien-aimée Marie-Aurore de Saxe, Aurore Dupin découvre Jean-Jacques Rousseau et se nourrit des lectures de Chateaubriand à travers le Génie du Christianisme, de Montaigne, de Montesquieu, de Dante, d'Aristote, de Shakespeare, de Virgile et des philosophes comme Leibniz, Locke etc.

Imprégnées toutes les deux par l'esprit des Lumières, elles se révoltent contre les injustices sociales.

Louise Clémence Demahis dit Louise Michel est née au Château de Vroncourt, canton de Bourmont en Haute-Marne, près de Domrémy, village de Jeanne D'Arc, le 29 mai 1830 de Marianne Michel, femme de chambre des

châtelains Demahis. La belle Marianne aurait été surprise, en pleurs, par la châtelaine qui insista pour savoir la raison de son chagrin. Et Marianne d'avouer qu'elle était enceinte de Laurent, le fils de cette dernière. La rumeur voulait que Laurent eût subi cette paternité pour protéger son père, Etienne Charles Demahis qui l'expulsa du château.
Louise Michel recevra une éducation solide mais libérale dans une ambiance voltairienne, sous la houlette de son grand-père, avocat républicain à la retraite, humaniste et fin lettré, et de sa grand-mère adorée qui l'initie à la musique et à la poésie, sans abstraire sa mère Marianne qui la protégeait. Notons qu'à l'époque l'école n'était pas encore accessible aux filles et qu'il eût fallu attendre 1850. A la mort de son grand-père, elle a 15 ans et veut se faire religieuse. Mais c'est à la mort de sa grand-mère Charlotte Maxence Porquet Demahis que sa vie va basculer. Désespérée, elle lance ce cri de détresse :

« Hélas ! Pourquoi ces jours ont-ils passé si vite ?
Déjà tu restes seule et sur ton front serein
J'ai peur de voir une ombre et que tu ne me quittes.
Comme au jour où l'aïeul mourut, tenant ma main,
Je me sens frissonner ; mon âme se délite
Sous le vent glacé du destin. »

À la mort de sa grand-mère Louise est chassée du Château de Vroncourt par sa belle-mère.

Elle dilapide son héritage financier en jouant la bonne samaritaine, elle se retrouve sans ressource, aussi s'écrie-t-il : « Me voilà arrachée à mon repos et jetée dans un océan orageux, sans avoir, sans ressources mais avec du courage, de la jeunesse et une grande croyance en Dieu… »

Elle exerce avec passion son métier d'institutrice

dès janvier 1853 dans la maison Causelle, rue de Ham à Audeloncourt en Haute-Marne.

À la rentrée de 1857, grâce à son ami Fayet, Louise trouvera une place d'institutrice dans la pension de Mme Vollier, rue du Château d'Eau à Paris. Elle dilapide son maigre salaire dans l'achat des livres et au profit des défavorisés.
À Cherbourg, elle va se rendre à l'évidence de la triste réalité de la condition ouvrière et c'est de là que va naître chez elle le déclic révolutionnaire.

Âgée de 21 ans, elle fait ses premiers pas dans le journalisme dans *L'Echo du peuple* de Chaumont sous un pseudo masculin en signant Michel Demahis comme ce fut le cas de George Sand qui avait pris un prénom masculin.
Mue par l'élan républicain, en 1865, elle se révolte contre la misère environnante et commence à porter un regard réprobateur sur Napoléon III. En 1871, elle collabore au *Cri du peuple* fondé par Jules Vallès et Pierre Denis.

Contrairement à Louise Michel, George Sand convola avec François-Casimir, le baron du Dudevant le 17 septembre 1822, dont elle eut deux enfants Maurice et Solange (qui dit-on, serait la fille de Stéphane Ajasson). Notons qu'à l'époque, le mariage enfermait les femmes dans une position de mineure, le divorce n'existant pas à cette époque mais le Tribunal de la Châtre a pu prononcer une séparation le 16 février 1836 ayant pour motifs « *injures graves, sévices et mauvais traitements* » reconnus.

Divergences dans leurs engagements politiques respectifs

À la proclamation de la IIIe République, George Sand se mobilise en faveur des condamnés et prisonniers politiques en intervenant auprès de Napoléon III. Ainsi, elle entreprend de multiples démarches en leur faveur, au cours des mois de janvier et février 1852. Cependant en 1871, elle n'a pas hésité à rejoindre les écrivains qui condamnent la Commune de Paris comme Gustave Flaubert, Théophile Gautier, Alphonse Daudet, Emile Zola, Leconte de Lisle et a osé même critiquer Victor Hugo.

Elle plaide pour une amnistie générale, mais sa tentative n'aboutira pas.

George Sand va jusqu'à s'exprimer en ces termes : « Les exécutions vont leur train. C'est Justice et nécessité », propos qu'elle justifiera dans le Journal *Le Temps*. À la faveur de la chute de Louis-Philippe et aux termes de la Monarchie de juillet, le 24 février 1848, elle affiche son engagement politique socialiste.

L'échec de la Révolution et l'arrestation massive des députés dont Adolphe Thiers sonnent le glas de sa militance politique et la plongent dans la désillusion. Confrontée à la censure de la presse, elle se retranche dans ses écrits littéraires pour faire passer ses messages à travers ses romans, le théâtre et ses correspondances.

Qu'en est-il de Louise Michel ?

Entre temps Louise Michel, personnage emblématique de la Commune, surnommée la « Vierge rouge », s'active, pose des barricades. Elle sera arrêtée et condamnée à mort. Radicalement opposé à la peine capitale, Victor Hugo, sans approuver ses agissements, va intervenir en sa faveur pour obtenir sa libération.

Louant sa bravoure et son courage face à sa détermination à mourir, le poète lui consacre un long poème intitulé Viro Major (Plus grand qu'un homme) :

« Ayant vu le massacre immense, le combat,
Le peuple sur sa croix, Paris sur son grabat,
La pitié formidable était dans tes paroles ;
Tu faisais ce que font les grandes âmes folles,
Et lasse de lutter, de rêver, de souffrir,
Tu disais : J'ai tué ! car tu voulais mourir.
Tu mentais contre toi, terrible et surhumaine.
Judith la sombre juive, Arria la romaine,
Eussent battu des mains pendant que tu parlais.
Tu disais aux greniers : J'ai brûlé les palais !
Tu glorifiais ceux qu'on écrase et qu'on foule ;
Tu criais : J'ai tué, qu'on me tue ! Et la foule
Ecoutait cette femme altière s'accuser.
Tu semblais envoyer au sépulcre un baiser ;
Ton œil fixe pesait sur les juges livides,
Et tu songeais, pareille aux graves Euménides.
La pâle mort était debout derrière toi. »

Déportée en Nouvelle Calédonie en 1873, elle fit la connaissance d'Henri de Rochefort et prit pour parti pour les autochtones et créa en 1875 *Petites Affiches de la Nouvelle-Calédonie* et édite Légendes et chansons de gestes canaques.

George Sand, anticléricale comme Louise Michel, a eu tout comme elle une éducation basée sur la foi chrétienne qu'elle ne rejette pas mais qui va se modifier à la faveur de l'esprit des Lumières, ainsi s'insurge-t-elle contre le clergé qui porterait : « un voile mensonger sur la parole du Christ, une fausse interprétation des sublimes Évangiles, et un obstacle insurmontable à la sainte égalité que Dieu promet, que Dieu accordera aux hommes sur la terre comme au ciel ».

L'ancienne pensionnaire du couvent des Augustines anglaises collabore au Journal *Le Monde* fondé par Lamennais, le démocrate-chrétien dont elle disait : « Nous vous comptons

parmi nos *saints... vous êtes le père de notre Église nouvelle* ». Elle se réclame aussi des idées de Leibniz, de Saint-Simon sans se réclamer ouvertement de la doctrine de ce dernier. Aussi la libération de la femme entre-elle en ligne de compte dans son roman *Indiana* (1832). C'était l'époque où elle venait de se séparer de son mari. Elle récidive avec *Valentine* paru la même année et *Lélia* (183). Ce sont des romans dits féministes. La question sociale sera également son cheval de bataille. Cela dit, dans *Lettre à Guéroult* en date du 20 octobre 1835, tome III p.73, elle avance ceci :
« Je *vous dis, moi je ne connais et n'ai qu'un principe : celui de l'abolition de la propriété. Voilà en quoi j'ai toujours vénéré le saint-simonisme.* »

Elle souscrit à un mysticisme énergique quand elle avance :
« [...je révère ceux qui, dans ce siècle maudit, n'ont subi aucun entraînement vicieux, et qui se retirent dans une vie de méditation et de recherche pour rêver le salut de l'humanité. Mais je crois qu'avec la moindre vertu mise en action et soutenue par une certaine énergie, on en ferait plus qu'avec toute la sagesse des nations délayées dans les livres ».

George Sand, républicaine et socialiste en 1848, rejoint en 1871 les écrivains qui condamnent la Commune de Paris, comme Gustave Flaubert, Edmond de Goncourt, Théophile Gautier, Maxime Du Camp, Charles Marie René Leconte de Lisle, Alexandre Dumas fils, Ernest Renan, Alphonse Daudet, Ernest Feydeau, Émile Zola.

Leur parcours littéraire

George Sand, romancière, dramaturge, épistolière, critique littéraire française, journaliste, a écrit sans désemparer pendant quarante-six ans et possède une œuvre foisonnante qui compte plus de quatre- vingt dix romans, cinquante volumes d'œuvres diverses dont des nouvelles, des contes, des pièces de théâtre et des textes politiques.

Dans *Mauprat*, roman féministe elle avance *: « Adieu les ignobles passions écrit-elle alors, et l'imbécile métier de dupe ! Que le mensonge soit flétri et que l'esclavage féminin ait aussi son Spartacus. Je le serai ou je mourrai à la peine ».*

Elle mena une vie littéraire très intense et reçut tant dans son domaine de Nohant qu'à Palaiseau des personnalités très variées comme Franz Liszt, Frédéric Chopin, Marie d'Agoult, Honoré de Balzac, Gustave Flaubert, Eugène Delacroix cependant ce n'était pas sans affronter la misogynie de nombre de ses congénères comme Charles Baudelaire, Jules Barbey d'Aurevilly.

Elle avait une vie sentimentale agitée découlant probablement de l'échec de son mariage contracté à l'âge de seize ans. Aussi fustige-t-elle le mariage.

Comme **George Sand, Louise Michel** est poète, dramaturge, romancière. Elle a une œuvre littéraire abondante et méconnue du grand public mais sur laquelle se sont penchés écrivains et chercheurs du XIXe siècle. À la différence de George Sand, première femme à vivre de sa plume, Louise Michel, trop prise par son engagement politique, n'avait pas su vivre de sa plume.

Ses œuvres se trouvent dispersées à Amsterdam, à Moscou et aussi au Musée de l'Histoire vivante à Montreuil, lequel abrite 155 pièces de l'écrivaine.

Ses correspondances entreprises depuis l'âge de 15 ans avec Hugo se poursuivent jusqu'au moment de sa retraite à Guernesey. C'est l'époque où elle écrit La Marseillaise noire, véritable chant de guerre :

« La nuit est courte et fugitive
En avant tenons-nous la main
Garde à toi citoyen qui vive
Républicain ! Républicain !
Entendez-vous les cris d'alarme
Écoutez gémir le tocsin
Lève-toi peuple aux armes aux armes »

Institutrice très avant-gardiste et boulimique des savoirs, elle se forme sur tous les fronts et participe à des réunions à caractère social. Ainsi se développe sa conscience politique.

C'est dans la lecture des Misérables que l'ancienne royaliste va trouver sa voie

Conclusion :

Il y a des convergences et des divergences notables dans la vie de ces deux femmes d'exception. Les deux femmes de lettres admiraient l'œuvre de Victor Hugo. George Sand entretint avec lui une grande amitié épistolaire sans jamais le rencontrer contrairement à Louise Michel qui l'aurait rencontré une seule fois au temps de sa jeunesse. Elles ont milité toutes les deux pour une société égalitaire et sans clivage. Elles se font toutes les deux les porte- parole des ouvriers et des pauvres. Les deux femmes de lettres admiraient l'œuvre de Victor Hugo. Elles ont toutes les deux une œuvre très abondante. George Sand s'est aussi illustrée par un engagement politique actif à partir de 1848, en créant *La cause du peuple, Le bulletin de la République* et *l'Éclaireur de l'Indre.* Notons en passant que les deux femmes ont toutes deux évolué dans une ambiance religieuse.

George Sand condamne vivement La Commune. Elle justifie sa position dans le journal *Le Temps* en posant des arguments conservateurs car elle voit dans la Commune un moyen de saper les bases de la République naissante. Aussi propose-t-elle « L'éducation pour tous » comme alternative à la Commune.

Les critiques ont préféré privilégier son autorité littéraire, son ascendant sur les écrivains de sa génération en tant que femme, à savoir la place qu'elle a su occuper aux côtés d'eux en s'imposant face à ses détracteurs Baudelaire, Barbey d'Aurévily et bien d'autres.

À Balzac elle a inspiré les *Galériens ou les Amours Forcés* signifiant l'idylle entre Franz Liszt et Marie D'Agoult. Cette dernière est représentée sous les traits de *Béatrix*, (le titre éponyme du roman) et le compositeur sous celui de *Conti,* paru dans la Collection de *La Comédie humaine.* Roman où George Sand est représentée par *Camille Maupin.*

Ce qu'il faut retenir des deux femmes : Aurore Dupin a un pied dans l'aristocratie et l'autre dans le peuple. Louise Michel a un pied dans la bourgeoisie et l'autre dans le peuple. Si George Sand a fait des concessions en matière politique Louise Michel quant à elle, elle a défendu ses idées jusqu'au bout et sans concession donc elle est restée égale à elle-même politiquement jusqu'à sa mort. Son engagement politique a occulté en quelque sorte sa carrière de femme de lettres si bien que seul le titre de communarde lui est connu aujourd'hui par plus d'un. Elles ont

Toutes les deux soutenu et accompagné les plus faibles : George Sand n'hésita pas à voler au secours des comédiens en détresse et Louise Michel se libéra de son jupon pour l'offrir à une pauvre. Elles étaient toutes les deux attendrissantes de bonté. C'étaient deux belles âmes, chacune à sa façon. Leurs œuvres transpirent de leurs actes et idées :

Toutefois, elles ont toutes les deux défendu les valeurs féministes. Pour Louise Michel, féministe avant la lettre : « La question des femmes est […] inséparable de la question de l'humanité. « Notre place dans l'humanité ne doit pas être mendiée, mais prise. » (Cf. *L'histoire de ma vie).*

Louise Michel a préféré enseigner dans des écoles publiques libres au lieu de prêter serment à Napoléon III qui fut un ami de George Sand et qui l'accompagna jusqu'à sa dernière demeure.

Notons qu'elle n'a pas manqué de critiquer Napoléon III qui n'a pas daigné agréer sa demande de retour des socialistes exilés.

Louise Michel est vénérée par Victor Hugo, Victor Noir et Verlaine. Chacun d'eux lui a dédié un poème. On conviendra que les deux femmes étaient féministes et luttaient pour le changement social mais Louise Michel allait plus loin que George Sand donc elles se sont différenciées par les voies et moyens utilisés. Elles sont toutes les deux passées à la postérité, chacune à sa façon.

« George Sand meurt, mais elle nous lègue le droit de la femme puisant son évidence dans le génie de la femme. C'est ainsi que la révolution se complète. » V. Hugo

Maggy DE COSTER

La poésie, un engagement

Par Sarah MOSTREL

À quoi sert la poésie ?

La poésie permet de sublimer, de condenser en quelques vers un sentiment, une sensation, une douleur, un éclat de vie, une pensée. Par son intensité, elle éponge les excès, les états d'âme. Par ses évocations, son choix de mots, ses sonorités, elle nous emmène vers des univers divers, concrets ou abstraits, laissant en tout état de cause libre cours à l'imaginaire. Ses rimes, son rythme, ses couleurs forment une entité puissante. A vocation descriptive, suggestive, elle est porteuse de beauté, toujours présente lorsqu'on est perméable à l'émerveillement, réveillée par une situation, une humeur, un paysage, un horizon... Si elle n'est pas exempte de certaines contraintes — phénomène qui reflète tout à fait la vie - elle nous offre une grande liberté : en une page (un poème), on peut décrire une vie, une histoire, une émotion ou autre expression dans sa totalité. C'est un grand luxe par rapport aux autres formes d'écriture où l'on doit développer. Ici, nous ne sommes pas obligés de nous adonner aux formes traditionnelles avec un début, une fin. L'objet est plutôt de faire passer un message, par le biais de mots et d'images. Lesquels transportent, transforment, font sens. La liberté, c'est aussi de glisser d'une chose à une autre par le biais d'enchaînements pas forcément linéaires, mais par des libres associations. D'où l'immense latitude ! Les contraintes, c'est qu'en cette même page, en peu de termes et de moyens, il faut arriver à transcrire l'émotion ressentie au moment où on l'a éprouvée. C'est la limite du langage en général, et encore plus dans la poésie qui est une forme concise. De plus, le résultat sera forcément subjectif car l'élément vecteur d'un effet chez le poète ne produira pas forcément le même effet chez le lecteur. N'est-ce cependant pas le dilemme de toute forme d'art ? En peinture, en musique, l'œuvre émise dégage quelque chose que le récepteur s'approprie, selon son histoire. Cet écho est parfois totalement différent de l'intention initiale de l'artiste.

Proche du divin, la poésie éclaire de sa lumière irradiante, nous guidant vers des sphères envoûtantes. Dans un livre traditionnel, on décrit un passage dans le temps, une série d'événements, une période de vie ; dans un recueil de poésie, les différents poèmes forment un ensemble qui par les mots utilisés et les images évoquées, constituent de multiples pages dans le temps : une collecte de ressentis, celles d'un homme par exemple avec ses peurs, ses satisfactions, ses espoirs, ses illusions, sa sensibilité. On s'attardera sur l'impression, la valse des mots, la manière dont les choses sont perçues, plus qu'à la compréhension de chaque vers en tant que tel. Aussi, on ne peut pas forcément tout expliquer dans une poésie. Expliciter chaque mot entaillerait les effets souhaités. Ce qui est important, c'est ce qui en émane, se dégage. Se laisser porter et transporter par la nuée de sensations suscitées donnera toute sa force au poème.

L'écriture ou toute autre forme d'art répond souvent à la nécessité de participer au monde et de préférence, à un monde meilleur et plus juste. L'art reflète une réalité, mais sert aussi à œuvrer à ce que le monde avance, s'élève, se bonifie. On écrit ainsi par besoin, envie, pour laisser une trace, mais aussi pour changer le monde. Ne dit-on pas que « *Qui sauve une vie sauve l'humanité* » ? En touchant et concernant ses lecteurs, le poète les aide à sortir d'un certain immobilisme, et éveille en eux une conscience. De l'importance de donner un sens à la vie, mission infinie ! L'engagement de l'artiste est bien cela pourtant. Il consiste souvent à apporter une pierre à l'édifice, à collaborer à l'édification d'une société dans laquelle la qualité, l'éthique et la justice régneront enfin, afin que nous, humains, vivions en meilleure harmonie et en paix, y compris avec nous-mêmes.

La poésie est donc une forme de sensibilité caractérisée par une certaine conscience et un rapport au monde. En servant de modèle, d'exemple, il incombe au poète de participer à la bonne marche du monde, d'y œuvrer activement afin d'orienter l'humanité vers le bon, le beau, le sensible et ce qui le constitue : l'humain.

Les poètes aiment célébrer, ils ont cette capacité d'émerveillement qui leur permet d'honorer le Beau, une sensibilité qui les incite à le célébrer et dénoncer le médiocre (pour les textes plus politiques par exemple), de remercier et de vanter les bienfaits de la terre et du Ciel s'ils sont plus spirituels. Ainsi, la poésie est un genre littéraire qui se prête magnifiquement bien à la sublimation. En rendant hommage à la nature, aux hommes, aux éléments de la création, elle se rapproche du divin et de la profondeur. Plus on s'élève, plus on est solide aussi dans nos racines, nous menant justement vers nos origines dans lesquelles nous puisons pour écrire, dire, exister.

Mes slogans poétiques

Un monde sans poésie ?
Une vie qui n'aurait jamais dû battre

Sarah MOSTREL

Un désir poétique
Promesse d'un futur sans fin

Sarah MOSTREL

Sans part sensible
Un visage muet

Sarah MOSTREL

Face au KO, faites écho
et dites OK à la poésie !

Sarah MOSTREL

Avalanches de rimes
Paroles de l'infini !

Sarah MOSTREL

Sans insurrection
Le monde se meurt
La poésie, une résurrection

Sarah MOSTREL

Halte à la dépoétisation !
Contre l'abêtissement des masses
Réveillez-vous !

Sarah MOSTREL

À bas l'uniformisation
Sans vers ni rimes ni raison

Sarah MOSTREL

Sans célébration
La fausse pousse

Sarah MOSTREL

Contre les interdits
Les rimes du possible

Sarah MOSTREL

Le verbe est dans la rue !
Sarah MOSTREL

Sois tendre et t'es toi !
Sarah MOSTREL

Contre le pouvoir absolu
La poésie, absolument !
Sarah MOSTREL

Refusez l'uniforme, le noir, blanc, binaire
Adoptez les couleurs
Pour toute arme, seule, la poésie
Sarah MOSTREL

Délivrez les livres de poésie !
À diffuser…
Sarah MOSTREL

Ne soyez pas des bêleurs
Soyez des rêveurs !
Sarah MOSTREL

La poésie est partout, regardez !
Sarah MOSTREL

Vive la poésie libre !
Vive la révolution des anges !
Sarah MOSTREL

Le pouvoir aux poètes, aux bardes et aux rhapsodes !
Sarah MOSTREL

Pour sortir du morose
Adoptez les mots roses

Sarah MOSTREL

Les aèdes, ça aide !

Sarah MOSTREL

Hymne, célébration
En vie de poésie

Sarah MOSTREL

Poétisez
Au risque de non-retour

Sarah MOSTREL

Se soumettre ?
Non, sourire à la vie…

Sarah MOSTREL

Mettez du cœur à l'ouvrage
En vers et/ou en vers corps

Sarah MOSTREL

Mes luttes et combats

I- Pour l'égalité hommes-femmes

J'ai beaucoup exploré la relation hommes femmes, que ce soit dans mes essais comme *Osez dire je t'aime* (éd. Grancher), dans mon manifeste *Pour un humanisme éclairé, allons-y !* (éd. Au pays rêvé) que dans mes livres de nouvelles (*Révolte d'une femme libre, éd. L'Echappée belle…*) ou roman (*Un amour sous emprise*, éd. Tredaniel)

A l'occasion de la conférence que j'ai donnée le 21

octobre 2023, à la Maison de la vie associative et citoyenne du XVe arrondissement de Paris et en regard à mon nouvel essai *Femmes inspirantes*, paru en 2023 aux éditions Non Nobis, je commencerai par faire un état des lieux du décalage entre les hommes et les femmes. En 2024, il reste tant reste à faire !

Le constat : l'inégalité en matière de salaires, pensions, partage du travail domestique, taux de pauvreté, représentativité est flagrante.

Les femmes gagnent moins que les hommes, perçoivent des pensions de retraite 40% inférieures, elles sont moins nombreuses parmi les cadres, et trois fois plus nombreuses en temps partiel. Les mères célibataires ont un niveau de vie inférieur de 18 % à celui des pères célibataires. Aussi, les femmes représentent 87% des victimes de violences conjugales. Et parmi leur rang social, elles ne sont que 21% des dirigeants salariés. Et ne représentent qu'un tiers du temps de parole dans les médias audiovisuels.

Selon l'Observatoire des inégalités de 2021,

Les femmes sont plus souvent diplômées de l'université.70 % sont en lettres et sciences humaines. 64 % en médecine-pharmacie, moins de 30 % sont dans les écoles d'ingénieurs, filières qui mènent à des carrières plus prestigieuses et rémunératrices. Déjà au lycée, les filles sont moins nombreuses en série scientifique au moment du baccalauréat.

Les femmes sont moins bien payées et plus souvent en temps partiel (subi et non choisi). En moyenne, elles gagnent 23% moins élevé que celui des hommes. Plus on s'élève dans la hiérarchie, plus les écarts de salaires sont grands. Chez les cadres, les femmes touchent en moyenne 18 % de moins que les hommes.

23,8 % des familles monoparentales (en majorité des femmes

seules avec enfants) sont **pauvres**.
Qu'elles travaillent ou non, les femmes consacrent en moyenne 3 h 26 par jour aux **tâches domestiques**, contre 2 h pour les hommes.

En **politique**, il y a quatre femmes députées pour six hommes. 20 % de femmes seulement sont maires. Et seules trois des treize régions de France sont présidées par des femmes. Comme dans l'entreprise, plus on s'élève dans la hiérarchie des responsabilités, moins la part de femmes est élevée.

Ces données techniques montrent l'écart important entre les genres. Difficile de l'expliquer ! Il est sûr que la société faite et gérée par les hommes continue majoritairement de donner la parole aux hommes. Aussi, les historiens sont souvent des hommes et leur donnent la part belle. Pourtant, la différence anatomique est un alibi factice à la difficulté d'accès à certains métiers. Preuve en est les femmes de plus en plus nombreuses à démontrer le contraire.

Les employeurs appréhendent que leur salariée tombe enceinte (ils sont pourtant bien contents d'avoir des enfants !). La femme enceinte véhicule auprès d'eux une image négative. Ils redoutent son absence, mais ne mettent pas grand-chose en œuvre pour lui faciliter la vie et la carrière. Pourtant, seuls quelques mois critiques liées à la grossesse et la maternité sont à gérer, et en aménageant le temps, ils y gagneraient. Hommes et femmes aux mêmes degrés hiérarchiques sont nécessaires à la bonne marche d'une entreprise. Et à la bonne marche du monde.

Sur le décalage

Dans cette génération en pleine transition dans laquelle nous vivons, face à l'avancée fulgurante de la femme depuis un demi-siècle et une nouvelle distribution des rôles, on dénote déstabilisation, peine à déclarer et à entretenir. Fort heureusement, la conscience d'une bonne communication entre les êtres se veut reconnue et est admise comme salutaire. Il suffit de remarquer tous les stages qu'on propose en entreprise pour une plus grande implication des employés : dynamisation de groupes (PNL, coaching, ateliers d'expression...), bilan de compétences, tests divers. Il est nécessaire de réacquérir et de se réapproprier l'amour comme prioritaire afin de le rendre harmonieux, en concordance avec l'être aimé, et de rétablir ces malentendus qui font parfois de la parole une chose anodine quand elle est essence, source de plaisir et de joie pour chacun et indispensable dans le rapport humain quel qu'il soit, à fortiori pour la célébration du couple. Le décalage entre l'homme et la femme, si nous supposons que la nature fait bien les choses, dans un monde idéal, a été mis sous le compte de la perfection de la complémentarité.

En fait de complémentarité, la concordance finale entre les deux partis est souvent difficile. Gouvernée par les intérêts de chacun, notre vie est sujette à des embrouilles qu'il faudrait élucider : le discours selon lequel il est dit que la nature de l'homme serait celle de l'entreprise et de la prise en main, celle de la femme, par son intuition et sa générosité, portée naturellement sur la communication et les enfants, sert souvent d'alibi. C'est en flattant la femme sur ses intégrités que nombre d'entre elles subissent un système de domination fallacieux dont elles ne peuvent sortir qu'en démontrant les autres qualités dont elles sont pourvues. Le sens du sacrifice, le don et la maternité sont une manière élégante d'assumer des fonctions de responsabilité dont on voit tant d'hommes s'échapper. Pourquoi, alors que dans le milieu professionnel, ils y réussissent, les hommes se dégagent-ils si souvent de leurs devoirs ? Est-ce par paresse, par facilité, par perpétuation d'une image ancrée depuis la nuit des temps ? D'où vient le détachement de certains par rapport à leurs sentiments, leurs devoirs, y compris dans leurs propres familles et envers leurs enfants, que n'ont pas ou ne s'autorisent pas les femmes sans culpabiliser ? Doit-on accuser la société, l'éducation, une certaine lâcheté, l'incompétence ? La révolution dite « sexuelle » a conduit à des résultats à double tranchant. Si la parité est plus ou moins avérée, la pratique en est encore très primitivement appliquée. Ainsi, certaines pratiques féminines de libération terme qui me paraît injustifié ou mal interprété, je dirais plutôt d'affirmation sexuelle sont encore vivement critiquées : multiplicité des partenaires, découvertes échangistes, revendications sexuelles etc., sont des faits souvent réprimés chez les femmes alors que courantes et « acceptées » chez les hommes. Sans prôner ces choix, il est important de dénoncer le regard des hommes sur ce qu'ils s'octroient mais qu'ils blâment quand l'autre sexe se prend ces libertés. Au-delà de certaines réactions vigoureuses (« c'est une fille facile », « c'est une pute » etc.), cela les met en fait très mal à l'aise. Ce renversement de situation, ces prises de liberté nouvelles pour qui a été éduqué dans un schéma archétypal, déstabilisent. Sans tomber dans ces excès, force est de constater que la femme a tant changé que l'homme ne s'y retrouve plus, et les femmes non plus. Les prises de positions des femmes sont immédiatement considérées en tant qu'appartenant au genre féminin, alors que c'est l'humain et non le genre qui s'exprime.

Le terme « féminisme » a conduit à beaucoup de mésinterprétations. Beaucoup de femmes désireraient une sorte d'égalité sans pour autant être dénommées ainsi. Il serait plus juste de parler de naturel humaniste car les évidences doivent être ancrées de manière spontanée, sans ségrégation de l'identité quelle qu'elle soit, et non de façon revendicative donc légitimement critiquable. Nier l'évidence fausse inévitablement les données.

Demander à l'autre de faire des « efforts » d'humanisme

paraît ridicule, tant l'humanité est notre caractéristique du fait de sa définition précisément « humaine ». Le chemin vers une société paritaire est tout simplement normal quand on est respectueux et facilement réalisable en tenant compte de la spécificité propre de chacun sans à priori.

Le monde, fait de révolutions, d'animations perpétuelles mettant en jeu indéfiniment et à l'épreuve le genre humain, ne doit-il pas aspirer au pacifisme et au respect ? Comment imaginer une adhésion humanitaire universelle ?

Les données étant posées et le monde à composer, une tentative de réponse est importante. Faulkner disait qu'il faut faire du deuil de la joie. Il n'y aurait donc plus de contradictions dans les relations de cause à effet. Nos fantasmes abreuvent nos vies tout en leur donnant un certain équilibre. Sans repères visuels communs à tous les mortels, il y aurait donc une infinité de mondes créés par ce même humain qui expliquerait les nombreux dysfonctionnements et le manque de connaissance entre les êtres. Mais si nous appelons ce monde rêve ou psychologie, comment pouvons-nous nous rencontrer, dans ces univers intérieurs si riches et propres à chacun ? Le mal se suffit d'un être contaminant très rapidement son entourage. Nous l'expérimentons chaque jour en politique, dans les jeux de pouvoir et de suprématie. Sans prôner l'unicité visionnaire d'un monde, comment peut-on prétendre à une rencontre pacifique universelle quand ce monde est tellement diversifié, non seulement par les différences de culture, de sexe et de tendances, mais à l'intérieur de chacun d'entre nous ?

C'est justement sur ce terrain de complémentarité et d'enrichissement que se situe l'interface du rétablissement possible de l'univers. Les hommes savent s'unir pour des projets gigantesques, la conquête de l'espace, l'exploitation de machines à performance, de grandes œuvres communes, mais ont à combattre tout d'abord en eux-mêmes les mondes antagonistes qui les habitent, et se confronter aux innombrables champs qu'ils rencontrent, c'est-à-dire la pluralité des univers intérieurs de chacun. Il n'y a qu'ainsi que nous pouvons « voir » l'autre, lui donner un égard, l'aimer. Souvent, en fait d'aimer, nous nous accommodons d'une situation en nous unissant et copulant, dans des tentatives désespérées d'union, d'amour, de rattachement à une sphère commune qui nous permettrait tout simplement d'être moins seuls. Le travail, l'activité ne sont qu'opérations destinées à prouver notre utilité extérieure pour étouffer le silence qui habite nos âmes et nos incapacités à communiquer également avec nous-mêmes. Tout l'art est de se composer une vie qui tendrait au meilleur équilibre, imaginaire, sensitif, extérieur. Ce n'est qu'en dominant notre propre intérieur que nous pourrons nous élever vers la lueur qui deviendra lumière, grâce à notre œuvre individuelle.

Une mission qui n'est pas tant un exploit qu'une prise de conscience et la réalisation d'une vie dotée de sens.
Soyons alertes et œuvrons pour une générosité humaine, indépendante des sexes et retrouvons-nous dans cette sphère commune qu'est l'amour, à exprimer et à fêter comme un don de l'univers.

D'ailleurs, comme expliqué dans "*Pour un humanisme éclairé, allons-y !,* éd. Au pays rêvé :

A la une des magazines, la femme est fréquemment représentée dans des états qui ne la reflètent pas, à moins qu'on ne la considère que par son allure et dans une tranche d'âge limitée. Souvent mise en avant quand elle est jeune, mince (voire anorexique), sexy (de préférence vêtue d'habits luxueux, ce qui ne correspond absolument pas au budget moyen de la population), elle fait encore trop souvent office de femme-objet : objet de regard, de désir faisant vendre de célèbres marques de voitures (rouges de préférence) ou servant à valoriser… l'homme qui est à ses côtés. Cet emblème récurrent en faire-valoir n'aide pas à son émancipation, laquelle a pourtant commencé depuis plus de 40 ans. « Comment gérer boulot et famille ? », titrent les journaux, « Comment être une « superwoman, multitâche et belle, de surcroît ! » Ce statut définissant la femme « en fonction de », « au regard de », dans une apparence privilégiant la forme au fond ou dans une performance de mère assumant tout, carrière et gamins, dévalorise la gent féminine.

Car cette image est insidieuse et favorise encore la discrimination. Non, il ne faut pas trouver les recettes pour que la femme soit plus compétitive, mais parler à l'être (tout comme pour l'homme d'ailleurs), avec ses envies, ses possibilités, ses capacités, sa personnalité. Ce qui lui accordera une parfaite intégration dans un monde plus juste, plus égalitaire et qui lui donnera plus de chance en s'adaptant à ses spécificités (grossesse, enfants etc.). Ce sujet ne devrait-il pas toucher tout un chacun, puisque la survie de l'espèce en dépend ? L'homme est aussi ravi d'être père que la femme d'être maman. D'autres pays, notamment scandinaves, réussissent bien mieux à valoriser chacun des genres et à mener une bonne répartition des tâches.

Et que vaut la parité, si l'on n'éduque pas, dès le plus jeune âge, les filles à aller au bout de leur ambition, leur inculquant, preuves à l'appui, qu'elles peuvent exercer ce que bon leur semble si le système s'y ajuste, naturellement ? Que vaut l'aménagement du temps de travail quand on constate que les hommes sont si peu à se porter volontaires pour un congé parental ? C'est l'approche envers le deuxième sexe qu'il faut réviser, en plus des lois que personne n'applique, ou si peu…

C'est un constat, la femme reste cataloguée et n'est pas à son avantage, même dans nos pays occidentaux. Ne parlons pas de sa condition dans beaucoup de pays totalitaires, où l'actualité nous montre le pire : viols, traites, trafics, prostitution, esclavagisme, condamnations à mort, lapidations, obligation de se voiler totalement, excision... Attention chez nous à ne rien céder sur les droits de la femme à être, tout simplement. *Femmes inspirantes* (éd. Non Nobis) retrace le parcours de femmes « qui ont révolutionné la pensée », celles qui ont « été un modèle pour nos contemporains » comme Olympe de Gouges, Simone Veil par Rosa Parks, Suzanne Valadon ou Marie Curie. Dans ce livre, il est question de femmes courageuses, combattantes, de militantes qui ont participé à l'émancipation du genre féminin, lui ouvrant la voie en matière de politique, de science ou d'art. Défenseuses des droits fondamentaux, humanistes, ces femmes inspirantes, pionnières de la première heure, incarnent la liberté, l'égalité et un fort sens de la justice. Des valeurs reprises par moult leaders actuels mais aussi par bien des anonymes, heureux de prendre exemple sur ces remarquables précurseurs. Exploratrices, ambassadrices, vouant leur vie à un idéal, ces aventurières se sont démarquées par leur goût du risque et le courage de s'affirmer en bousculant une société qui ne leur laissait souvent pas de place. Entretenir leur mémoire, rappeler leurs révolutions, a été l'objet de cet ouvrage célébrant ces êtres qui ont, dans un cadre qui ne leur était pas réservé, aller au bout de leurs passions et convictions, à l'instar des exploratrices, des journalistes et des politiciennes, certaines l'étant devenues par nécessité.

Les icônes de la lutte pour les droits des femmes, comme Olympe de Gouges, Louise Michel, Clara Zetlin, Simone Veil et de Beauvoir, les militantes américaines comme Rosa Parks ou Tara Burke (l'initiatrice de #metoo), les aventurières comme Alexandra David-Néel, les scientifiques comme Rosalind Elsie Franklin, niée malgré son génie, les artistes comme la résistante et idéaliste Joséphine Baker (mère de 12 enfants adoptés), comme les peintres Rosa Bonheur, Mary Cassat, Tamara de Lempicka ou encore les compositrices telles Fanny Mendelssohn, Clara Schumann, ou les sœurs Boulanger, durent souvent sacrifier leur vie à leur cause. Certaines valoriseront leur mari, conjoint, partenaire, abandonnant leur carrière pour eux, d'autres se fraieront une place en luttant tout le long contre le machisme ambiant et les défavorables conditions qui leur étaient réservées.

L'émancipation féminine est donc toujours un sujet brûlant. « Malgré plusieurs siècles de lutte, 2,4 milliards de femmes en âge de travailler ne bénéficient toujours pas de l'égalité des chances économiques (rapport de la Banque mondiale, en date de mars 2022). Des progrès ont été faits. Encore beaucoup reste à faire. Puissent les hommes et les femmes œuvrer à une vie plus sereine pour tous, et se souvenir de ceux et celles qui ont tout risqué pour une meilleure humanité. »

II- Pour l'amour (de soi, de l'Autre), en passant par une meilleure connaissance de soi.

Pourquoi ce malaise relationnel, ce décalage entre les êtres, à fortiori dans le couple ? Je l'ai étudié dans *Osez dire je t'aime* (éd. Grancher), maintenant que :

Tout est poésie. Tout ce qui nous entoure, nos actes, les objets, les relations. Nos modes de communication en sont porteurs quand la qualité est présente. Améliorer nos processus de communication, nos remises en question contribuent à l'avancée humaine. Se comprendre est le moteur du succès relationnel. Il y a un art de considérer le monde, une approche positive mêlant le Beau, la conscience, l'éthique, le bon sens, l'esthétique, la qualité assurément.

Tout d'abord, il est nécessaire de reconnaître ce qui nous entoure, la Nature, la perfection du monde, nos réalisations, les facultés dont nous sommes pourvus et la responsabilité que nous détenons en tant qu'impliqués dans ce monde et acteurs de notre vie. Il ne tient qu'à nous de nous élever, dans un esprit de progrès et d'amélioration. Enjoliver notre existence nous appartient et la rendre belle dépend de nous. A nous de faire le culte du Beau et de le reconnaître. Notre entendement quant à nos fonctionnements physiques et psychiques nous permet le changement et la bonification de nos comportements. C'est pourquoi il est si important de nous connaître, d'apprendre ce qui nous compose, et de nous comprendre. En dernier lieu, nous devons avoir à l'esprit la qualité, de vie, de relations, une éthique, une volonté d'esthétique, l'honnêteté, portée par notre créativité, notre intelligence et notre pensée.

Agir pour sa vie implique un travail actif et responsabilisant et donc un retour sur soi. Ainsi, il est extrêmement bénéfique de mieux se connaître pour appréhender les autres et soi-même. Ce n'est qu'en comprenant nos propres automatismes et en détectant les occurrences itératives que nous rencontrons, qu'il est possible d'y mettre un frein, voire de casser ce mécanisme souvent néfaste et inconscient. L'analyse apporte un grand sens de tolérance et de vérité. Elle permet d'effacer la culpabilité, l'auto-apitoiement et annihile donc la tentation de « victimisation ». Elle nous apprend à être acteurs, interprètes et commentateurs de notre vie. En nous révélant le plus profond de nous-mêmes, elle nous libère de nos refoulements lointains, nous apprend à assumer notre passé, à « vivre avec », et le cas échéant à nous en servir comme une force et un tremplin pour affronter notre vie future. Il est toujours étonnant de constater les différents effets dus à la même cause. Des sujets ayant vécu le même type de drames réagissent de manière très différente. L'un combattra avec véhémence son malheur pour se sortir du pétrin dans lequel il est tombé, tandis que l'autre ne s'en relèvera pas. D'où la contre-vérité de causes à effets. Quoiqu'il en soit, l'approche thérapeutique permet de « mettre à plat » certains événements qui s'avèrent, souvent sans le savoir, cruciaux pour le développement futur, et d'exprimer ses ressentis et reconnaître des souffrances s'il y en a eu. Dans un deuxième temps, elle nous permet de trouver les clés pour les affronter, les combattre, et si possible les abattre, ou du moins les atténuer afin qu'elles n'entravent plus notre vie actuelle. De la prise de conscience au passage à l'acte s'écoule un temps plus ou moins long, entrecoupé de phases de découragement, de bonheur, de progrès et souvent de créativité. A partir du moment où le corps, par ses maltraitances physiques ou morales, s'exprime, s'ensuit inévitablement un élan de création. Cette découverte est une grande avancée dans la stabilisation ultérieure et conforte le sentiment d'utilité nécessaire à redonner une place et une « raison d'être » à des personnes qui malheureusement n'ont plus de désirs ni d'ouverture sur l'extérieur. Cette notion implique l'idée d'être responsable, de réfléchir, d'agir, de développer nos facultés, nos valeurs individuelles et le patrimoine unique que chacun porte en soi. La perception de soi et le sens critique doivent être aiguisés de manière bienveillante, envers soi et envers l'autre.

Notre infinitésimale connaissance du monde, dont les recherches scientifiques tentent d'en réduire le manque, les phénomènes incompris que notre rationnel ne peut encore élucider, faute de perfection inhérente à la qualité humaine, cette perfection, selon certains appelée D.., force suprême de la nature ou autre, est justement celle qui nous permet de nous élever spirituellement, intellectuellement et physiquement. Notre désir de grandir, notre soif de savoir, de comprendre, est motivée par cette incompréhension du monde, depuis le miracle de la création jusqu'aux phénomènes universels d'inimitié, de guerres, de convoitise. Notre objectif est de nous élever, affrontant les épreuves, gérant les conflits, et surmontant l'imperfection dont nous sommes dotés, afin d'atteindre un certain bonheur, dont l'art dépend de notre propre volonté et de nos aptitudes à se l'approprier. La tâche n'est pas aisée mais claire. Se fier à ses ressentis est primordial. Nous devons être soucieux de nous améliorer et d'optimiser nos chances d'une vie heureuse. Sans tomber dans certains excès, je conseille donc à quiconque a un respect pour lui-même et un souci de mieux se connaître, d'essayer cette expérience fabuleuse : un voyage à l'intérieur de lui-même, une contrée vue sous un angle éclairé par la neutralité d'un intervenant ou par soi-même, le plus objectivement possible, pour pouvoir rencontrer l'autre, y avoir accès, découvrir d'autres mondes, enfouis, refoulés ou non encore explorés. Ce ne sont pas tant les événements qui comptent, mais la façon dont on les a vécus ou interprétés, notamment dans sa petite enfance où les images se mêlent au monde imaginaire, les objets étant porteurs de signaux affectifs.

Les enfants ont ce don magnifique de sentir les choses, voire de les anticiper en les mettant en avant, lorsque leurs parents tentent de les ignorer pour s'en « débarrasser ». En éprouvant leurs parents, notamment en testant leurs limites, ils appuient sur le non-dit et replacent leurs géniteurs au même âge qu'eux. Les parents ont donc énormément à apprendre de leurs enfants. Ceux-ci constituent une chance inouïe pour eux d'une part de tenter de comprendre ce qu'ils réveillent en eux, et d'autre part de prendre conscience de leurs comportements dans le but d'éviter de perpétuer des anomalies qu'ils ont eux-mêmes souvent reçues de leurs propres parents, et de ne pas faire porter à leur progéniture une histoire qui n'est pas la leur. C'est une mission ardue qui est riche d'enseignement et gage de bonnes qualités de relation entre les générations et avec autrui. Ainsi il est bénéfique de «se prendre en charge » avant de reporter nos angoisses sur nos enfants, et de manière plus générale, sur l'Autre qui a également son histoire, ses attentes et ses espoirs propres. Cet autre, l'être aimé ne doit pas être une « solution » à la solitude mais un plus, un accompagnant. On ne peut être heureux que par soi-même. Les petites filles élevées dans le syndrome du prince charmant ont un long travail de deuil à accomplir quant à cet idéal qui effectivement n'existe que dans les contes de fée. C'est en étant « bien » et clair avec soi-même que l'on peut arriver à une relation optimale avec l'Autre.

Elargir ses compétences, ses champs de reconnaissance, avoir confiance en soi sont des facteurs déterminants pour mettre à profit notre potentiel à vivre heureux selon nos conceptions individuelles. La transformation intérieure passe par des phases de tourments, de reconnaissance, de colère, d'acceptation, de deuils, d'abandons puis de réalisations. Vue sous un nouvel angle, la vie prend tout son sens et l'amour est éclosion. L'introspection permet de gagner en tolérance, envers soi et vers l'autre mais ne peut être qu'une expérience personnelle, où l'on abandonne souvent des croyances qui ont forgé notre vie jusqu'au revirement, celles-là même qui nous ont empêché de réaliser notre vie. Cela ne peut se faire sans réticences, objections, et résistances. Le changement du cheminement originel prend donc nécessairement un certain temps et demande ce courage.

Dire je t'aime

Laissons donc la poésie gouverner les choses et n'inhibons pas les mots. La communication est essentielle, le « je t'aime » est formé du « je » : moi, j'existe, j'agis, je m'affirme. « t' » : je m'adresse à toi, je te considère, j'ai un regard vers toi. « aime » : j'éprouve du sentiment pour toi et j'ai envie de te le dire, parce que cela me paraît aussi important pour moi que pour toi, c'est ma vérité, mon authenticité et si je ne peux que souhaiter que tu ressentes la même chose, je m'affirme moi en te l'énonçant. Je vais au bout de moi-même dans une affaire qui nous concerne et qui me tient à cœur. C'est mon cœur qui s'exprime et je ne veux pas me priver de ces mots. Chaque individu doit composer sa propre formule pour alimenter ses désirs et ses envies, mais « je t'aime » est aussi universel que parfaitement unique et inédit entre deux êtres. L'amour est notre lien au monde. Nous sommes uniques et notre vie est précieuse, mais nous sommes aussi infimes parmi les milliards d'êtres qu'il y a sur terre. L'individualité rejoint l'universel, l'universel rejoint l'individualité. Les deux concepts sont étroitement corrélés.

A l'âge de l'adolescence, l'âge des révoltes et des excès, des déboires, des espoirs et des désespoirs, les jeunes ont à affronter beaucoup de difficultés : la sortie de l'enfance, accompagnée ou non, se heurte au désir d'indépendance indispensable à l'entrée dans la vie adulte. L'enfant subit une transformation biologique auquel l'esprit ne correspond pas forcément. Des parents trop présents à ceux trop libéraux, des cordons non coupés à l'absence parentale, les jeunes sont confrontés à leur propre réalité, à la pensée qu'ils seront responsables de leur vie. Toute perturbation extérieure suffit à les déstabiliser, le regard d'avec le sexe opposé les intimide, le mimétisme dû au conformisme, aux effets de bande, peut les mener à des actes répréhensibles (drogue, délinquance...). Une trop forte sensibilité, une mauvaise intégration, la solitude, une déception amoureuse peut les conduire dans des cas extrêmes jusqu'au suicide. Difficile période de la vie qui déterminera les prémisses de la vie sociale et sexuelle...

Le potentiel de réussite d'un amour dépend de l'authenticité des individus concernés, et de leur discernement à évaluer la vie dans son contexte positif et précieux. La vie est inestimable, rencontrer un être pour qui l'on éprouve des sentiments doit être honoré, fêté, exprimé.

Les ressentis peuvent avoir des antécédents, des tumeurs et des égarements. Il suffit d'en ôter les parties insanes pour les restructurer et les réorienter vers le positif, repérer le maillon de la chaîne à briser qui permet tout simplement d'être « soi ». Croire en soi, être de tempérament optimiste, arriver au plus profond de soi, avec honnêteté, est le chemin de l'amour. Pourquoi tout ce discours ? Pour ne pas hésiter à donner, à accueillir, à dire, et rien ne vaut les mots pour éclaircir une situation. Pour pouvoir dire ces mots, il faut remonter à la source, la cause de votre empêchement, les raisons de vos peurs, vos antécédents, la manière dont nous avons été formés. Quelle que soit l'étape dans laquelle on se trouve, ne pas mettre de frein à ce qui vient, laissons couler les mots comme ils sortiraient d'une source pure, nouvelle, limpide, resplendissante et fertile. Nous sommes la base du jaillissement de l'univers que nous créons. La lucidité et l'insouciance, si elles peuvent paraître contradictoires, ne le sont pourtant pas. La première détermine le choix, la seconde l'assume en osant dire et en se laissant porter par le sentiment. Le risque n'en est qu'être heureux et rendre l'autre heureux. Le jeu n'en vaut-il pas la chandelle ?

III Pour la paix

Prend-on la mesure de ce qui nous guette ? Est-il besoin de plus de drames et de guerres pour ne vouloir que la paix ? Il est urgent d'agir, de bloquer la régression de la pensée, d'empêcher l'immobilisme, la défaite, la résignation, d'annihiler les avilissements et les mauvais plans courant à notre perte. Il nous faut nous ressaisir, redéfinir les priorités, repartir sur des valeurs saines, humaines, universelles. Le bien-être de tous est non seulement une évidence idéologique mais un but premier qui ne peut que concerner tout un chacun, soucieux de l'égalité des droits, des libertés, de la justice. Chacun peut s'investir dans ce projet, selon son potentiel individuel (dans un espace propre dédié à sa personnalité, ses aptitudes…). Les plus pragmatiques mettront en place rapidement des moyens concrets, le plus spirituels parleront de libération, voire d'un éden perdu à retrouver, de la nécessité d'un chemin à remonter pour célébrer le monde en chœur, de bon cœur, avec le cœur. Une chose est sûre, la marche de l'univers demande à être recadrée et il ne tient qu'à nous d'en redéfinir le cap. Souhaiter un monde plus beau, plus autonome, plus équitable, dans lequel la responsabilité de chacun serait engagée, nous offrirait un horizon plus clair et enrayerait le déclin. La lumière ne demande qu'à être rallumée, réanimée. Elle ne s'est point dérobée, mais s'est voilée. Laissons-la entrer en nous. Et nous faire réagir. Il en va de notre survie.

L'union

Partout, sur la planète, il y a des hommes et femmes à l'écoute, dans la réflexion, prêts à s'investir dans des initiatives humaines, animés de bonté, d'empathie, prompts à l'avènement d'une ère plus apaisée. Repérons-les, élaborons avec eux des stratégies, hors des malversations et de la corruption. Tous, quel que soit leur penchant (spirituel, religieux, pacifiste, écologiste, amoureux de la vie), croyants comme athées, convergent vers cette aspiration à la joie, au bien-être, à la paix. Nous sommes mus par un instinct de vie, cette vie qui découle d'un seul et même phénomène. Nous pouvons rétablir une société bonne pour tous, en lieu et place de celle qui se répand, s'épand et se perd dans les méandres du profit, de l'intérêt personnel, de l'illusion, du paraître - bénéfices éphémères qui participent, hélas, à l'éloignement de notre fin heureuse. Ces gens de bonne volonté, où qu'ils soient, sont aujourd'hui facilement accessibles. Internet est un magnifique outil pour nous rencontrer, entrer en relation, partager, découvrir nos affinités, nos points communs, nos différences, nos spécificités. La Toile nous permet une liaison immédiate : il est aisé de communiquer par le biais des réseaux sociaux, des blogs, et grâce à cette messagerie gigantesque qu'est le Web, il est possible d'un seul revers de mail de dispatcher à un grand nombre d'internautes une pensée. Tous ensemble, nous devons nous organiser et collaborer pour atteindre les objectifs fixés. Cet élan émanant de toutes les nations sera un tremplin vers la réussite de notre projet.

(Réflexions du manifeste *Pour un humanisme éclairé, allons-y !*, éd. Au pays rêvé)

Sara MOSTREL

Texte autobiographique

Par Pedro VIANNA

Pedro Vianna est un poète, dramaturge, écrivain français d'origine brésilienne. Parfaitement trilingue (français, espagnol, portugais), il écrit et traduit dans ces trois langues. Il est également un spécialiste des questions migratoires, notamment dans le domaine des réfugiés.

Diplômé en sciences économiques, il a enseigné les mathématiques (au Brésil), la micro-économie (en France) et enseigne encore les questions migratoires (en Espagne).
Il a participé à l'organisation d'opérations d'accueil de réfugiés en France (1975-1976 ; 1978 ; 1981-1982) et a été le directeur de l'association Documentation Réfugiés et le rédacteur en chef de la revue documentaire du même nom (1987-1994). Rédacteur en chef de la revue *Migrations Société* (199-2015), il a aussi siégé à la Cour nationale du droit d'asile (2004-2009).

À ce jour, Vianna a écrit vingt et une pièces de théâtre (en portugais, en espagnol ou en français, certaines avec Éric Meyleuc), dont plusieurs ont été données au Chili, en France, en Finlande, en Italie et en Suède. La version française de l'une d'entre elles a été éditée par l'auteur. Souvent avec É. Meyleuc, il a conçu également une trentaine de spectacles poétiques - dont plusieurs à partir de ses propres poèmes - présentés au Chili, en France et en Italie. Il est l'auteur de cinquante-neuf recueils de poèmes (tous en français), dont deux ont été édités par l'auteur, qui a aussi publié les livrets de trois de ses spectacles poétiques. De très nombreux poèmes de Vianna ont été traduits et publiés dans des anthologies,

journaux, revues et sites en français, espagnol, italien, portugais, roumain, suédois et tamoul.
De 1999 à 2017, il a été président de l'association culturelle Actes de présence[30].

30 Sur Actes de présence, voir le site Actes de présence (http://actesdepresence.free.fr).

Biographie

Enfance et jeunesse

Pedro Vianna est né de père officier de l'armée de terre et de mère femme au foyer.

Passionné de lecture depuis la petite enfance — il apprend à lire à l'âge de quatre ans — Vianna découvre le plaisir d'écrire vers ses treize ans. Pendant quelques années, il rédige des contes et de courts récits, puis, à dix-neuf ans s'essaie au théâtre, qu'il choisit comme forme d'expression. Il ne reste pas de trace de ces textes de l'adolescence, la serviette où il les rangeait ayant été volée dans sa voiture. La première œuvre qu'il conserve, écrite au début de 1970, est *L'assemblée des animaux*, qu'il considère comme sa première pièce de théâtre.

Après des études secondaires au Lycée militaire de sa ville natale et une année de classe préparatoire — qu'il suit parallèlement à la terminale — il entre à la faculté des sciences économiques de l'Université fédérale de Rio de Janeiro, où, à la fin de 1969, il obtient le diplôme d'économiste (niveau maîtrise).

Vie professionnelle dans les domaines non artistiques

Au Brésil

Dès son entrée à l'université, en 1966, il enseigne les mathématiques en classe préparatoire (*Curso AS*) et, à partir de 1969, également à la faculté des sciences économiques, d'abord comme moniteur puis comme professeur. En 1970, il a été le directeur par intérim du Département de mathématiques de la faculté où il avait fait ses études et où il enseignait.

Au Chile

Arrivé à Santiago du Chili, en janvier 1971, il travaille comme économiste au sein de l'équipe de planification urbaine de la Corporación de Mejoramient Urbano (CORMU), un office public, tout en poursuivant en parallèle son activité d'écrivain. Au bout de quelques mois, il démissionne de son poste pour accompagner la préparation de la première mise en scène de l'une de ses pièces (voir ci-dessous).

En France

Arrivé en France en novembre 1973, Vianna est accueilli par l'association *France terre d'asile* et hébergé au Foyer des jeunes travailleurs Colonel-Fabien à Bobigny (Seine-Saint-Denis), où, par la suite, il exerce successivement les fonctions de veilleur de nuit, d'animateur et de directeur-adjoint. Parallèlement à ses fonctions de veilleur de nuit, il enseigne la micro-économie à l'université de Paris IX-Dauphine, qu'il quitte ensuite pour assumer ses fonctions au foyer.

À la mi-1975, Vianna s'installe à Paris et travaille à l'association France Terre d'Asile en tant que chargé de mission pour l'organisation de l'accueil des réfugiés d'Asie du Sud-Est. Même s'il quitte cette association à la fin de 1976 pour s'occuper de la diffusion de son premier recueil (autoédité), *Poèmes d'amour et de révolution*, et pour suivre la première mise en scène en France d'une de ses pièces (*Le décret secret*), il garde un contact étroit avec l'association.

À plusieurs reprises, il y revient comme salarié pour des missions ponctuelles et aussi comme militant. C'est ainsi que, entre autres, il participe activement à la création de la Commission de sauvegarde du droit d'asile en 1977. En 1982, il entre au conseil d'administration de l'association, dont il est le secrétaire général de mai 1994 à décembre 1997.

Dès 1974 et pendant plusieurs années, il collabore avec des professeurs de français, d'espagnol, d'histoire et d'économie lors d'activités pédagogiques menées dans des collèges et lycées à Paris et en région parisienne.

De 1977 à 1985, Vianna centre ses activités sur la diffusion de son travail artistique (voir ci-dessous).

En 1985-1986, à la demande de la Commission de sauvegarde du droit d'asile, il structure et coordonne une campagne nationale pour la défense du droit d'asile, dont une des suites est la concrétisation d'un projet caressé depuis longtemps par France, terre d'asile : la création d'un centre de documentation spécialisé dans le domaine du droit d'asile et des réfugiés. Les six associations à la tête du projet confient alors à Vianna la mission de créer et de diriger Documentation-Réfugiés et sa revue documentaire du même nom. L'ampleur de la tâche le conduit à mettre en veilleuse la diffusion de son travail artistique, qui, de 1987 à 1995, se limite à l'écriture poétique.

À partir de juin 1995, après la fermeture de Documentation-Réfugiés — étouffée financièrement par son principal utilisateur, les pouvoirs publics — Vianna reprend activement la diffusion de sa poésie, tout en donnant des cours de portugais pour une entreprise de formation.

De juillet 1998 à avril 1999, en tant que coordonnateur pédagogique, porte-parole, formateur d'acteurs et acteur, il participe activement à l'exposition interactive jeu de rôle *Un voyage pas comme les autres*, organisée par dix associations de défense des droits humains et de soutien aux demandeurs d'asile et réfugiés, en partenariat avec l'Établissement public de la Grande Halle et du Parc de La Villette.

Depuis juin 1998, Pedro Vianna est membre du conseil d'administration de l'association Accueil des médecins et personnels de santé réfugiés en France (APSR). En 1999, il entre au bureau de l'association et, en octobre 2005, il est élu à l'une des deux vice-présidences de l'APSR.

De novembre 1999 à septembre 2015, Vianna est le rédacteur en chef de la revue *Migrations-Société,* au conseil éditorial de laquelle il participait depuis 1992. Il quitte cette fonction le 30 septembre 2015, car il prend sa retraite ; il demeure cependant membre du conseil scientifique de la revue à laquelle il continue de contribuer. Il est également membre-fondateur du Groupe de recherches informel et scientifique sur l'asile (GRISA, 1995-2000) et du conseil scientifique de l'association Mémoire active dès sa création en 2001. Il a aussi été membre du conseil scientifique du réseau REMISIS (CNRS) de 1993 à 1995.

De novembre 2004 à décembre 2009, il siège à la Cour nationale du droit d'asile (anciennement Commission des recours des réfugiés) en qualité d'assesseur nommé par le Haut-Commissariat des Nations unies pour les réfugiés (UNHCR). L'arrêt de ses fonctions est dû au fait que les règles des agences des Nations unies ne permettent pas aux assesseurs nommés par l'UNHCR de siéger à la Cour pendant plus de cinq années consécutives.

Auteur de divers articles sur les réfugiés et le droit d'asile, il intervient sur ces sujets dans des colloques, rencontres et séances de formation, dont parfois il est l'organisateur. Depuis 2015, il intervient également dans le cadre du mastère international *Mobilité humaine* coordonné par l'Université de Valence (Espagne), tant comme conférencier (réfugiés, droit d'asile) lors de l'École d'été que comme professeur invité, assurant deux modules du cursus : *Politiques*

migratoires comparées et *Histoire des migrations*).
Il milite et a des responsabilités dans plusieurs associations qui se consacrent à la solidarité avec les réfugiés, à la défense du droit d'asile et des autres droits humains, à la réflexion sur le droit humanitaire international, aux migrants en général.

La politique et les exils

Très tôt, Vianna s'intéresse aux questions politico-sociales (la vie de la *polis*, la *res publica*) et déjà, au tout début de son adolescence, il participe à des manifestations et à des campagnes électorales. C'est donc naturellement qu'il participe à l'opposition politique clandestine qui lutte contre la dictature militaire qui sévit au Brésil depuis 1964.

Arrêté par les militaires à la fin de 1970, il parvient à s'échapper et demande l'asile à l'ambassade du Chili, où il séjourne deux mois, avant d'être autorisé à quitter le Brésil.

Très engagé dans le processus politique chilien, il est arrêté le soir même du 11 septembre 1973, jour du coup d'État militaire dirigé par le général Pinochet. Après quarante-cinq jours dans les geôles chiliennes, il est libéré grâce à l'action du Haut-Commissariat des Nations unies pour les réfugiés (HCR), soutenue par la grande vague de solidarité internationale à l'égard des victimes du putsch.

Installé définitivement en France depuis novembre 1973, Vianna y mène sa vie professionnelle et artistique depuis lors.

Le parcours artistique de Pedro Vianna

Les débuts, au Brésil mais surtout au Chili

Pedro Vianna commence à écrire des pièces de

théâtre[31] vers ses 18 ans, alors qu'il vit encore au Brésil, mais sa carrière artistique ne démarre vraiment que pendant son exil au Chili (1971-1973).

En effet, en mai 1971, il écrit, en portugais, la pièce *Vinte e cincoanosdepois,* qui, par l'intermédiaire de l'un de ses amis déjà exilé au Chili, Maurício Dias David, arrive entre les mains de María Maluenda, comédienne, metteuse en scène, mais aussi ancienne et future députée chilienne (1965-1969, 1990-1994). Passionnée par la pièce, qui aborde la question de la responsabilité individuelle dans les situations sociopolitiques et celle de la torture sous le régime militaire qui sévit alors au Brésil, María Maluenda traduit la pièce en espagnol, trouve un théâtre qui la reçoit (*Le Petit Rex,* alors sous la responsabilité de OriettaEscámez, de la *Compañía de Los Cuatro*) et compose la distribution, qui, outre O. Escámez, comptera des noms connus sur les scènes chiliennes, tel Domingo Tessier, mais aussi de jeunes comédiens qui deviendront réputés par la suite, comme José (Pepe) Secall ou Nelson Brodt La pièce reste six mois à l'affiche (octobre 1971-mars 1972), fait l'objet de courtes tournées (Linares, San Fernando, mina de El Teniente, Valparaíso) et est reprise, en juin-juillet 1973 dans une nouvelle mise en scène de Francisco Araya au *Teatro de la Universidad de Chile* à Antofagasta.

La pièce fait l'objet de nombreux articles et même d'éditoriaux de journaux, d'émissions de radio et de télévision et Pedro Vianna se consacre alors aux activités théâtrales, d'abord exclusivement comme auteur. Il écrit encore trois pièces en portugais (*Antes que comece a cheirar mal, A Vingança,* qui, traduite en espagnol par Victor Bogado Ayala et l'auteur, recevra en 1973 un prix "Recommandation" de la *Casa de las Américas* de La Havane, et *O decretosecreto,* créé en français à Paris en 1978, *Le décret secret*). Il écrit ensuite six pièces en

---

31 Ses trois ou quatre premières pièces ont été perdues. La première qu'il a conservée, écrite en 1970, porte le titre *L'assemblée des animaux.*

espagnol, dont les deux dernières après son arrivée en France[32].

Répondant à une commande, il écrit en 1972 *Ailes et chaînes,* spectacle poético-musical intégrant poèmes et musiques d'Amérique latine, les poèmes étant choisis conjointement par Carmen Soler, poète et écrivaine paraguayenne exilée au Chili, et lui-même. Il est alors chargé de la mise en scène du spectacle, ce qui marque le début de ses activités comme metteur en scène.

La même année, il est invité par le Centre des Étudiants à créer et à diriger un théâtre semi-professionnel au Campus Orient (dit *Pedagógico*) de l'Université du Chili à Santiago. Il s'agit alors de répondre à la demande d'un groupe d'étudiants qui, en quelque sorte, rêvent de recommencer l'aventure du *Teatro Experimental de la Universidad de Chile,* créé en 1941, en ce même lieu, et qui deviendra plus tard le *Teatro Nacional Chileno,* une « *aventure* » à laquelle avait d'ailleurs participé María Maluenda. Ce théâtre créé par Vianna mène ses activités sous le nom de TESEO, un acronyme pour *Teatro de la Sede Oriente,* nom officiel de ce campus universitaire.

Avec le TESEO, Vianna réalise entre septembre 1972 et septembre 1973, quatre mises en scènes, jouées dans la salle de théâtre du campus : *La visite d'un inspecteur* de J. B. Priestley, À sept heures cinquante-deux, une pièce qu'il a écrite en espagnol sur l'assassinat, par un groupe d'extrême droite, en octobre 1970, du général René Schneider, commandant en chef de l'armée de terre chilienne, *Grand-peur et misère du Troisième Reich* de Bertolt Brecht et *Prométhée enchaîné* d'Eschyle, dont le travail de mise en scène est interrompu par le coup d'État du 11 septembre 1973.

32 Les références de toutes les pièces de Pedro Vianna peuvent être consultées ici : http://poesiepourtous.free.fr/scene.htm#ECR

La suite en France

Même si dès 1974 Pedro Vianna intervient dans des lycées d'Île-de-France, notamment au lycée Paul Bert à Paris, tant dans des classes d'histoire ou d'économie pour parler du Brésil et du Chile que dans des classes d'espagnol pour des lectures de ses pièces et de ses poèmes ou des classes de français pour commenter ses poèmes, comme il l'indique dans *Arriver, c'est revivre un peu,* le récit de ses deux exils, écrit à la troisième personne, il « se sent stérile, et en souffre. Ce n'est pas une question de manque de temps, non. Il ne parvient pas à écrire car il n'a pas encore décanté en lui les événements qui ont suivi le coup d'État. Et il ne saurait écrire sur autre chose »[33]. La reprise de l'écriture est l'aboutissement d'un long processus qui dure plus d'un an.

Grâce aux traductions de plusieurs de ses pièces par Denise Peyroche, alors Sardo de son nom de femme mariée, et aux contacts établis par des amis, notamment par Yvonne Tabbush[34], Pedro Vianna est dirigé par l'éditeur Christian Bourgois vers le Bureau d'auteurs de l'Association technique pour l'action culturelle (ATAC), financée par le ministère de la Culture. Cet organisme s'intéresse aux pièces de Vianna, en diffuse des résumés dans ce qu'on appelle alors le “circuit de la décentralisation” et invite le dramaturge à participer aux *Dialogues d'auteurs,* organisés autour de lectures publiques prévues pour la fin de 1975 et le début de 1976 (voir ci-dessous).

---

33 *Arriver, c'est revivre un peu,* p.138 (http://poesiepourtous.free.fr/ARP.pdf).

34 Une fonctionnaire de l'UNESCO qui avait la responsabilité du refuge où Vianna avait été conduit après avoir été sorti du stade National de Santiago du Chili par le Haut-Commissariat des Nations unies pour les réfugiés (UNHCR)

Ce renouement, même indirect, des liens avec l'univers du théâtre, aboutit, vers la fin de mars 1975, à l'écriture en espagnol de la pièce *Il n'est jamais trop tard ou Santiago septembre 1973,* dont l'auteur « évalue la durée à plus de quatre heures et qui retrace, sur le mode de la fiction, les quarante-cinq jours qu'il avait vécus dans les prisons de Pinochet »[35]. Le titre de l'œuvre répond « à celui de sa dernière pièce écrite au Chili, Avant qu'il ne soit trop tard, *une œuvre très sombre, qu'il avait lue pour des amis exactement six jours avant le coup d'État »*[36].

Le surgissement de la poésie

Vianna se sent alors vidé et incapable d'écrire quoi que ce soit d'autre pour le théâtre. En période de changement de travail et de lieu de résidence (voir *supra*), il délaisse l'écriture. Mais voilà qu'en juin 1975, sans aucune préméditation, il griffonne en français deux textes que des amies proches qualifient de poèmes, l'incitant à poursuivre dans cette voie, ce qu'il fait sans discontinuer depuis lors, et ce toujours en français.

En juillet 1976, toujours incité par des proches, il décide d'autoéditer *Poèmes d'amour et de révolution.* Habitué aux tirages volumineux en Amérique latine et ignorant les logiques du marché de la poésie en France, il fait tirer le recueil à mille exemplaires qu'il doit réceptionner à la fin du mois d'août. Le hasard est cependant de son côté. Le Comité pour l'amnistie au Brésil cherche quelqu'un qui soit en mesure d'animer le stand qu'il a loué à la Cité internationale de la Fête de *L'Humanité* au début de septembre, et pour cela fait appel à Pedro Vianna. Celui-ci demande alors l'autorisation de proposer son ouvrage à la vente et en deux jours, il écoulera plus de la moitié de l'édition. Grâce à un papillon portant

35 *Arriver, c'est revivre un peu,* p. 147.

36 *Ibid.*

ses coordonnées insérées dans le livre à la dernière minute, l'édition est épuisée dans les six mois qui suivent.

Dans les mêmes conditions, il récidivera l'année suivante, en proposant le recueil *Changeons-en le rythme* avec un succès comparable, partagé avec le texte en français de sa pièce *Le décret secret,* qu'il édite en vue de la création prévue pour octobre 1977.

Depuis 1975, Vianna n'a jamais cessé d'écrire de la poésie et, à la fin de 2023, il a déjà écrit 59 recueils, tous disponibles sur internet au format « pdf »[37], Vianna étant favorable à la diffusion libre des œuvres artistiques et à une forme de rémunération du travail artistique autre que les droits dits patrimoniaux.

L'année 1977 sera aussi celle de l'entrée de Pedro Vianna dans le monde de la traduction (voir *infra*).

La vraie reprise du théâtre

La pièce choisie par l'ATAC pour la participation aux *Dialogues d'auteur,* en binôme avec Ivan Vanesco, est *Le décret secret,* pièce écrite au Chili, en portugais, dans la traduction faite par Denise Peyroche et l'auteur. La lecture aura lieu en février 1976, dans la salle appelée alors *Le Petit TEP,* au *Théâtre de l'Est Parisien.* Le comédien et metteur en scène Claude Mercutio, présent ce soir-là, s'intéresse à la pièce et la met en scène. La première a lieu en octobre 1977 au théâtre *La Vieille Grille,* où elle est jouée jusqu'en décembre, puis reprise en janvier au théâtre *Aire Libre Montparnasse.* Entre 1977 et 1979, la pièce fait l'objet de plusieurs représentations en Île-de-France et dans la Mayenne. En 1981 elle est traduite en italien et est lue en public en mars au *Teatro Goldoni* de Rome,

---

37 La liste exhaustive des recueils et des publications de Pedro Vianna peut être consultée à la page *Poésie* de *Poésie pour tous* (http://poesiepourtous.free.fr/poesie.htm), le site officiel de Pedro Vianna.

dans une mise en voix de Giorgio Mattioli. En 2013, Pedro Vianna reprend la pièce dans une nouvelle mise en scène, présentée à Paris et en banlieue parisienne la même année et en 2014.

Toujours en 1976, en mai, Pedro Vianna écrit sa dernière pièce en espagnol, *Los gritos* (*Les cris*), qui sera traduite de l'espagnol en suédois par Lasse Soderberg et IrmigardPringel, mise en scène par Boris Kozlowski et présentée au *Stadsteatern* de Stockholm en mai 1979 puis au *WasaTeater – ÖsterbottensTeate*r de Vasa (Finlande) en septembre-octobre 1979 et au *Festival nordique* d'Oslo en avril 1980.

Par la suite, sauf quelques rares exceptions, Vianna écrira toujours en français.

Le comédien

La défaillance du comédien qui devait jouer le deuxième rôle du *Décret secret,* celui du Colonel, quinze jours avant la date de la générale, contraint Pedro Vianna à monter sur scène, seule solution possible, selon le metteur en scène, à douze jours de la date fatidique, tous les acteurs contactés au cours des jours précédents et intéressés par le rôle s'étant finalement récusés en apprenant le délai qu'il fallait respecter. C'est ainsi que Vianna monte sur la scène, d'où il ne descendra plus. Dans les paragraphes qui suivent, les principales références de son activité de comédien depuis 1977 seront indiquées[38].

38 Sur la page *Scène* de *Poésie pour tous* (http://poesiepourtous.free.fr/scene.htm), figurent les références détaillées de toute son activité théâtrale en tant qu'auteur, metteur en scène et comédien, assorties de nombreuses photos.

Poésie et arts plastiques

À partir de 1978, Pedro Vianna partage sa vie avec le jeune artiste plasticien Joachim, né en 1957, qu'il avait rencontré à la fin de 1975. Chacun développe ses activités propres, théâtre et poésie pour l'un, arts plastiques pour l'autre, mais dès 1979, ensemble, ils vont produire des "tableaux-poèmes", Joachim[39] réalisant des tableaux qui intègrent des poèmes de Pedro. Les premiers de ces "tableaux-poèmes" seront exposés à la *Maison de la jeunesse et la culture – Maison pour tous* de Palaiseau du 8 au 16 décembre 1979.

Les deux amis poursuivent cette pratique jusqu'en 1995, année de leur séparation, y compris au moyen de leur carte de vœux annuelle, tirée et envoyée à plusieurs centaines d'exemplaires. Par la suite, Pedro Vianna maintient cette tradition, seul d'abord puis avec Éric Meyleuc[40] (voir *infra*), mais aussi, en dehors des cartes de fin d'année, en collaboration avec la photographe et plasticienne Danièle Dailloux et la poète, plasticienne et directrice de collection, Nicole Barrière[41].

---

39 SurJoachim, voir le site https://joachimgelinier.wordpress.com/; des photos de la plupart des tableaux-poèmes peuvent être vues ici : (http://poesiepourtous.free.fr/podess.htm)

40 Sur la page *Poèmes et images* (http://poesiepourtous.free.fr/podess.htm) de *Poésie pour tous,* l'on peut voir des reproductions de plus de 70 de ces œuvres.

41 Sur Nicole Barrière, voir le site http://nicoletta.over-blog.com/

La jonction entre théâtre et poésie

Pour répondre à une commande de la ville de Château-Gontier, qui, en décembre 1978, avait accueilli avec beaucoup de succès deux représentations du *Décret secret,* Pedro Vianna décide de concrétiser un projet qu'il mûrissait depuis quelques années déjà : créer un spectacle pour trois comédiens entremêlant ses poèmes, des images projetées et du son enregistré. Il écrit alors, en 1979, *Les chemins de l'exil,* qui, en une centaine de minutes, raconte un parcours d'exil en grande partie autobiographique.

La mise en scène de Claude Mercutio ne reçoit pas vraiment l'agrément de l'auteur, mais la première du spectacle a quand même lieu à Château-Gontier le 20 mars 1980, en présence d'une bonne centaine de personnes qui avaient « bravé la neige »[42] inattendue à cette époque de l'année, avec un auteur et comédien touché par la grippe et enfiévré. Le spectacle ne soulève pas l'enthousiasme de la critique locale[43]. L'auteur est fort mécontent et décide de reprendre lui-même la mise en scène en vue de la représentation commandée par le festival *Angers ville en fête,* qui a lieu en juin.

Il ne garde de la première version que le texte, fait enregistrer par Joachim, également technicien du son, une bande sonore en continu sur laquelle sont "topées" plus de 120 diapositives. C'est donc un nouveau spectacle qui est joué sous chapiteau à Angers mais, une fois encore, la météorologie s'en mêle : en raison de pluies diluviennes tombées sur la ville toute la journée, la représentation, qui finalement a lieu,

---

42 THORAVAL, Marie-Claude ; in *Ouest-France,* 22-23 mars 1980.

43 Voir l'article cité de THORAVAL, Marie-Claude, mais aussi l'article non signé paru le même jour dans *Le Courrier de l'Ouest,* bien plus nuancé.

est menacée d'annulation jusqu'à deux heures avant l'heure prévue. Le public très peu nombreux est cependant très réceptif.

La petite troupe sera enfin récompensée lors de ses représentations au *Festival de la Cité* à Carcassonne en juillet 1980, où la presse locale est enthousiaste[44], puis lors du festival *Poésie sonore* à Sceaux, où des extraits du spectacle sont présentés en octobre et enfin à la *Maison des jeunes et de la culture de Rodez* en avril 1981. Vianna est ainsi conforté dans sa démarche d'association de la poésie et du théâtre.

Un léger décrochage

Même si à la fin de 1981 il produit une cassette audio, *Trajectoires*[45], et si en 1983-1984 il voit quelques-uns de ses poèmes traduits et publiés en suédois[46], à partir de 1982, année de son entrée au conseil d'administration de France terre d'asile, Pedro Vianna consacre le plus clair de son temps à la défense du droit d'asile et à la protection des réfugiés.

---

44 Voir notamment TOUSTOU, P ; « Les chemins de l'exil » *au carrefour du cœur et de l'esprit* ; *L'Indépendant,* 21 juillet 1980 ; A. G. *Vianna : une sensibilité d'écorché, La Dépêche du Midi,* 24 juillet 1980.

45 Poèmes de P. Vianna enregistrés par Dominique Lautrey sur une musique originale de Jean-Pierre Thanès.

46 Voir revue *Horisont* n° 5, Ärgång 30, 1983, pp. 20-23 ; Svenska ÖsterbottensLitteraturförening ; Krylbo ; ISSN : 0439-5530 ; textes présentés seulement en suédois, dans une traduction de Maj-BrittHöglund, accompagnés de reproductions en noir et blanc de huit tableaux-poèmes de Joachim reprenant les textes ; quotidien *Vasabladet*, 24.XII.1983, p. 12, 30.XII.1983, p. 12, 30.XII.1983, p. 16, 4.I.1984, p. 10, textes présentés seulement en suédois, dans une traduction de Maj-BrittHöglund, accompagnés de reproductions en noir et blanc de tableaux et gravures de Joachim ou de photos de SeppoLammi.

Cette activité est d'autant plus prenante qu'il coordonne en 1985-1986 la Campagne nationale pour le droit d'asile et que de 1987 à 1995 il dirige, dès sa création l'association *Documentation Réfugiés* et la revue documentaire du même nom (voir *supra*). Le peu de temps libre qui lui reste est alors presque entièrement consacré à l'écriture poétique et, entre 1982 et juin 1995, il écrira une dizaine de recueils.
Le fait le plus saillant de cette période est la création en avril 1991 par Vicky Messica au *Théâtre des Déchargeurs,* qu'il a créé et qu'il dirige, du spectacle À contre-sens, composé de poèmes de Pedro Vianna et joué par la troupe du théâtre.

La jonction entre l'action en faveur des réfugiés, le théâtre et la poésie

Après la fermeture définitive de l'association Documentation Réfugiés en juin 1995, Pedro Vianna, tout en continuant d'écrire, s'implique de plus en plus dans l'association Actes de présence, qu'il avait connue en 1993 — et dont il devient le président en juin 1999 — notamment en participant à des expositions associant image et texte.

Deux faits majeurs marquent pour Vianna la période 1997-2001. D'une part, la création de *De temps en temps,* un spectacle de 90 minutes constitué de poèmes qu'il dit sur les compositions originales de Dominique Feniès[47], jouées par cinq musiciens sur scène. Les dernières représentations de ce spectacle ont lieu à l'église Saint Denis de Saint-Denis-le-Ferment (Eure) lors des *Journées du Patrimoine* en septembre 1999, à l'*Espace Quartier latin/Maison fraternelle* à Paris en novembre 2000 et au *Centre culturel communal Erik Satie* à Arcueil en décembre 2001. Ce spectacle marque le début d'une longue série de montages poétiques, accompagnés ou

47 Sur Dominique Feniès, voir le site https://sites.google.com/site/domdomwebunlimited/

non de musique, créés depuis lors[48].

D'autre part, Pedro Vianna participe de façon intense à la préparation, à l'organisation et à la réalisation de l'exposition-jeu de rôles *Un voyage pas comme les autres,* organisée au *Parc de La Villette* par un collectif d'organisations de défense des réfugiés en association avec l'Établissement public du Parc et de la Grande Halle de La Villette[49] et présentée de novembre 1998 à avril 1999. Étant d'abord le représentant de France terre d'asile au sein du groupe de préparation de l'événement, il s'implique de plus en plus dans le projet, participant à la rédaction des documents pédagogiques, au travail auprès des comédiens et même en jouant un rôle dans l'exposition-jeu de rôles, celui du Policier chargé de la délivrance des passeports. Pour Vianna, c'est une expérience marquante, très enrichissante et qui lui permet d'associer ses trois grands domaines d'action : le théâtre, la poésie et la défense des réfugiés.

Il prolongera d'ailleurs cette expérience en organisant à Paris deux spectacles pour le Groupe Accueil et Solidarité (GAS)[50] : *Vingt ans avec les réfugiés* et *Vivre en poésie,* respectivement en février 1999 à la salle *Boris Vian* du *Parc de La Villette* et à la galerie *Bernanos* en mars de la même année.

C'est également au cours de cette période que l'organisation franco-suisse *Groupe de Réalisations et d'Animations pour le Développement* (GRAD) lui commande l'écriture du texte d'un livre-cd destiné à expliquer aux enfants la situation des réfugiés. Il en résulte *La folle équipée de Poésie,* un conte poétique, qui, pour des raisons financières, ne sera édité par

48 Voir la page Scène (http://poesiepourtous.free.fr/scene.htm) de *Poésie pour tous*

49 Voir également http://www.culture.gouv.fr/Thematiques/Theatre-spectacles/Organismes/Creation-Diffusion/Etablissement-public-du-parc-et-de-la-grande-Halle-de-la-Villette-EPPGHV

50 Sur le GAS, voir le site http://www.gas.asso.fr/

le GRAD qu'en 2004[51].

La rencontre avec Éric Meyleuc

Depuis la fin de 1999, Pedro Vianna travaille comme rédacteur en chef de la revue *Migrations Société* (voir *supra*), mais il le fait à temps partiel, pour avoir la possibilité de s'occuper de son travail artistique et d'Actes de présence. Il écrit, il dit des poèmes, il met en scène et il joue.

Toutefois, en avril 2001, la vie artistique de Pedro Vianna prend un tournant décisif lorsque, dans une salle de spectacles, en tant que spectateurs, Éric Meyleuc et lui se rencontrent tout à fait par hasard. C'est le véritable coup de foudre. Éric, de vingt ans le cadet de Pedro, écrit de la poésie depuis le début des années 1990 et joue depuis la fin de la décennie. Les deux amis mènent alors une vie commune de couple, de travail artistique et de militantisme, leurs vues sur le monde et la société étant concordantes.

Ce travail en commun revêt plusieurs formes[52]. Dès l'été 2001, ils disent des poèmes ensemble dans des montages qu'ils réalisent et mettent en scène aussi ensemble, notamment pour le *Centre culturel communal Erik Satie* d'Arcueil. Ce travail poétique et théâtral se poursuit de façon intense jusqu'au décès brutal d'Éric Meyleuc le 11 juin 2018 à la suite d'une hémorragie cérébrale survenue deux jours auparavant.

En 2002, les deux amis sont à l'origine de la création de la compagnie Éclats de rêve, adossée à Actes de présence. Toutefois, se voulant cohérents avec leurs positions théoriques et compte tenu de la situation des petites compagnies, Meyleuc

51 Site du GRAD : https:/www.grad-s.net/

52 En attendant la création de la page Éric Meyleuc dans Wikipédia, la liste exhaustive des réalisations individuelles d'Éric Meyleuc et de ses réalisations communes avec Pedro Vianna peut être consultée à la page http://poesiepourtous.free.fr/emoeuvre.htm de Poésie pour tous, mise en ligne le 15 août 2018.

et Vianna, qui ont leur subsistance assurée par leurs modestes salaires, travaillent la plupart du temps gratuitement. À partir de 2010 ils ne travaillent plus que dans ces conditions, et la compagnie est officiellement dissoute en 2014.

Parmi les principales réalisations du couple, seul ou avec d'autres comédiens et comédiennes, on compte en janvier 2002 *Le journal d'un fou,* dans une mise en scène par Pedro Vianna de l'intégralité du texte de la nouvelle de Nikolaï Gogol avec Éric Meyleuc dans le rôle du seul personnage, Auxence Ivanov Poprichtchine.

De la même année est aussi le spectacle fort original conçu au sein d'Actes de présence *Mille et un vers… de vin,* joué à plusieurs reprises et en différents lieux, dont le siège de l'Assistance publique – Hôpitaux de Paris (APHP) et la médiathèque de l'hôpital Bichat, de mars 2002 à décembre 2005.

En 2003, c'est au tour d'É. Meyleuc de mettre en scène P. Vianna dans *Ode en l'honneur du 3e millénaire à l'attention des dirigeants du monde entier,* de Dominique Feniès, une mise en scène complexe, avec un seul acteur et des marionnettes, d'une grande richesse plastique.

2004 voit la réalisation d'un rêve ancien de Pedro Vianna, la mise en scène de *Prométhée enchaîné* d'Eschyle, ce travail que Vianna avait entrepris au Chili et qui avait été interrompu par le coup d'État de 1973 (voir *supra*). Naturellement, c'est Éric Meyleuc qui joue le rôle de *Prométhée.* En 2004 également, à la demande de Claudine Lassner Diamant-Berger, ils créent avec Dominique Feniès le spectacle poético-musical *La porte s'ouvre comme un fleuve,* avec des poèmes de Jean-Claude Diamant-Berger[53].

À partir de 2005, les deux auteurs commenceront à écrire ensemble. De cette nouvelle forme de travail en

53 Sur Jean-Calude Diamant-Berger, voir https://fr.wikipedia.org/wiki/Jean-Claude_Diamant-Berger

commun, voient le jour *Pour rester zen : des contes à méditer et à faire sourire* (2005), *Que s'est-il passé ?* (2009, joué en 2014), *Conversations en poésie* (2011), *Le crocodile... ou la raison économique* (2012), une pièce librement inspirée de la nouvelle *Le crocodile* de Fédor Dostoïevski, *Au bout du tangage* (2014), *Danger. Urgence !* (2015) et *New York ou la malédiction des poètes* (2016), spectacle poétique et théâtral composé à partir de poèmes de Federico García Lorca, de Jean-Claude Diamant-Berger, de Colette Lassner Diamant-Berger et de P. Vianna, les mises en scène étant réalisées par l'un, par l'autre ou, le plus souvent par les deux.

Bien entendu, cela n'empêche pas les deux auteurs de jouer ensemble dans des spectacles d'autres auteurs ou metteurs en scène, tels que *L'art d'être Victor Hugo* et *Portrait d'une enfant perdue*, texte librement inspiré de *L'Idiot* de Fédor Dostoïevski, deux spectacles conçus, écrits et mis en scène par Maurice Audebert (2002) ou encore *Loup y es-tu* et *Pas à pas,* pièces courtes de Nicolle Leclercq (2009 et 2010 respectivement) ou encore *Le Cantique décante* de Christophe Cavier (2005), d'après *Le Cantique des cantiques.*

Éric Meyleuc et Pedro Vianna réalisent également de très nombreux montages et récitals poétiques qu'ils jouent seuls ou avec d'autres comédiens et diseurs, hommes ou femmes, le plus souvent accompagnés de musiciens et présentés lors des éditions de *Poétrie,* organisées par Actes de présence, aux *Journées mondiales de la poésie* (de 2002 à 2013) de l'association franco-italienne Poesia 2-Ottobre, au *Festival de théâtre iranien en exil* de l'association Art en exil[54] (de 2002 à 2016) ou encore au festival *Poètes pour la paix* de l'association ISIS Arts & Cultures (depuis 2017).

Parmi ces montages, l'un a une importance particulière, entre autres par sa durée (plus de 90 minutes) : *Désir, amour, plaisir : quelques vers pour rêver – 500 ans de poésie*

---

54 Sur Art en exil, voire le site http://artenexil.net

érotique française, montage poétique comprenant soixante-neuf poèmes de trente-six auteurs (dont trois anonymes), créé en 2005 à la demande la médiathèque de l'hôpital Bichat.

À la demande du Club des retraités de la MGEN-92, en septembre 2016, Pedro Vianna et Éric Meyleuc y créent un atelier-théâtre qu'ils animent bénévolement et que, depuis le décès d'Éric, Vianna anime seul.

De juin 2016 à mai 2022, Pedro Vianna est un des animateurs de l'émission poétique *Rencontres francophones,* qui avait alors lieu le deuxième jeudi de chaque mois, dans le cadre de l'émission hebdomadaire *L'Onde poétique* de l'association *L'Ouvre-boîte à poèmes,* diffusée sur les ondes d'IdfM 98.

Les traductions

L'activité de traducteur de Pedro Vianna est assez importante et, en France, a commencé en 1976 avec la traduction du portugais en français de *Même si maman me l'interdit, j'y arriverai*, un recueil de poèmes de Miguel Carneiro[55], édité par les soins de l'auteur à Paris en 1977.

Cette même année, à la demande du Comité pour l'amnistie au Brésil, il traduit en français, avec la collaboration de Denise Peyroche les paroles brésiliennes des chansons figurant dans le disque pressé par les soins de ce *Comité,* dans des versions à la fois fidèles au texte original et pouvant être chantées en français.

Depuis lors, il ne cesse pas de traduire de l'une à l'autre des trois langues qu'il maîtrise (français, espagnol, portugais) mais parfois aussi de l'italien en français. La plupart du temps il s'agit de poèmes et autres textes poétiques mais également de textes juridiques ou sociologiques sur les étrangers en

---

55 Sur Miguel Carneiro voir la page http://apoesiadobrasil.blogspot.com/2012/04/miguel-carneiro-1957.html

général et les réfugiés en particulier[56].

Parmi les traductions les plus importantes que Vianna a réalisées, l'on compte *Montand Olympia-81* (1982), vingt-huit chansons, poèmes et sketches de divers auteurs, traduits du français en portugais (traductions fidèles aux originaux et pouvant être chantées en portugais), un travail réalisé pour Yves Montand, destiné au livret-programme de sa tournée au Brésil (1982) et publié en encart dans le disque pressé au Brésil par Polygram ; *Orage,* recueil de poèmes de Cristina Castello, de l'espagnol (Argentine) en français, BoD, 2009 ; *De tes instants dans le poème,* recueil de poèmes de Cyro de Mattos (pt), du portugais (Brésil) en français, Éditions du Cygne, Paris, 2012 (en 2013, cette traduction a reçu le Prix International Jean-Paul Mestas de l'Union Brésilienne des Écrivains, Section de Rio de Janeiro) ; *La maison des miroirs/A casa dosespelhos*, huit poèmes de Herculano Neto, du portugais (Brésil) en français, cahier bilingue in *A Casa da Árvore,*Mondrongo, Itabuna (Estado da Bahia, Brésil), 2014.

Il convient également de signaler le texte en français de *Prométhée enchaîné* d'Eschyle, établi par P. Vianna pour sa mise en scène de la pièce en 2004.

Depuis le décès d'Éric Meyleuc en 2018, Vianna a pratiquement arrêté ses activités théâtrales, mais continue de faire des lectures de ses poèmes lors de rencontres organisées par diverses associations, notamment La Ruche des Arts et de participer à des festivals, tels *La Tour de poésie.* Des poèmes de Vianna sont souvent publiés dans des revues de poésie comme *Plein Sens* et *Rose des temps,* mais aussi dans des revues comme *Sigila* et *Pour l'émancipation sociale* et il a participé à diverses anthologies.

56 La liste des plus significatives traductions de Pedro Vianna peut être consultée à la page http://poesiepourtous.free.fr/traducs.htm de *Poésie pour tous*. N'y figurent cependant pas les nombreuses traductions de poèmes effectuées pour la publication dans *Poésie pour tous,* ni celles réalisées pour les divers montages poétiques réalisés avec Meyleuc.

La liste complète de ses publications peut être consultée ici : http://poesiepourtous.free.fr/poesie.htm.

Pedro VIANNA

Dans l'amitié de Tahar Djaout

Par Kamel BENCHEIKH

Il y a un peu plus de trente ans – très exactement le 2 juin 1993 – que le poète Tahar Djaout a été arraché à notre amitié et à l'Algérie, son pays pour lequel il se battait vaillamment.

Ceux qui l'ont approché espéraient qu'il durerait longtemps mais les êtres comme lui ont des ennemis tant parmi les forces du pouvoir que celles, bien évidemment, des islamistes. Il a été arraché à sa famille et à notre amitié pour avancer, seul désormais, à la rencontre de la gloire, porteur de ses poèmes comme de ses présages. L'absence ôte de la lumière. Dans l'air décimé des fins de jour, le cœur et l'oreille sont toujours alertés quand ils croient entendre son pas sur le trottoir parisien ou reconnaître sa silhouette dans la foule algéroise.

Il s'agit ici d'un homme qui vécut en poésie, d'un homme qui, dans sa chair, ses actes et ses paroles, répondait dans les actes et les paroles de tous. Une fois de plus, on ne saurait dissocier les mots d'ordre d'Arthur Rimbaud et de Karl Marx : « *Changer la vie et transformer le monde.* »
« *Le monde meilleur, c'est sur terre qu'il existe. Pas de résignation, même dans la douleur. La vie, les autres sont là…* » et « *On peut faire un poème avec un cri en l'harmonisant avec le comportement des autres. Seule la collaboration avec les hommes le permet. La poésie, c'est sortir de soi pour y faire entrer les autres.* » (Lettres à Kamel Bencheikh.)
J'ai connu Tahar Djaout à 18 ans lors des fameux récitals de

poésie de la salle El Mouggar. Il était magnifique, timide, gai, souriant, mais celui qui devait rester mon ami jusqu'à sa mort fut assassiné par des salauds sectaires qui en voulaient à son combat pour la démocratie et la laïcité en Algérie. Serait-ce un crime dans ce pays que d'être un immense intellectuel comme il l'a été ? Il avait tous les dons et possédait un savoir remarquable. Il était triste, joyeux, rigolait comme pas un, s'étouffait en voulant fumer une cigarette, se lissait les moustaches, il était grave et léger en même temps. Il était désarmé. Il était désarmant. Fidèle, il était l'AMI. Il portait au cœur la blessure qui ne se referme jamais et une colère sourde contre les fossoyeurs de l'espoir.

Par quelle ironie du sort, sa mort l'a-t-elle catapultée dans la gloire. Il avait 40 ans, celui qui m'a écrit : « La douceur est l'apanage de la vie, non de la mort. La mort est froide et laide. Il n'y a que les monstres pour flatter la mort et c'est à nous de corriger cela. »

Tahar Djaout vécut en homme libre. Aussi quelle colère nous anime d'avoir gâché tant de beauté et d'énergie. Quelle épitaphe pour celui qui fut le grand poète d'une sensibilité sans cesse affinée. Sa gloire est d'avoir préparé pour les autres la vie qui lui fut refusée.

Tahar, même mort, est toujours vivant dans nos cœurs puisqu'il est entré dans la lumière.

Poésie, le chemin de la thérapie

Par Yasmine MADAOUI

Je me pose une multitude de questions concernant les mécanismes fascinants de notre cerveau, les rouages qui font naître les mots, les articuler ou les percevoir. Le poète les choisit et les imbrique les uns aux autres pour les rapprocher de l'image souhaitée.

Le but principal du langage est de permettre la communication entre les individus. Le cerveau est indissociable de l'intelligence humaine.

Il est l'organe qui a probablement subi les plus grandes modifications au cours des siècles, il a acquis de plus en plus de nouvelles propriétés.

Cette qualité si proprement humaine qu'est le langage n'a pas fini de susciter débats et controverses en posant les questions fondamentales telles que celles des liens du langage avec l'esprit ou encore plus généralement avec la conscience.

Les mots seraient produits par l'hémisphère gauche (l'aire de Broca) qui permettrait aussi leur articulation. Ils seraient perçus et compris par la partie postérieure du lobe temporal gauche (l'aire de Wernicke) et chacune de ces régions serait connectée à l'autre selon des circuits bien précis.

Et le poète, quel est le processus de choix ou de

sélection de ses mots lorsqu'il compose des vers ? Les mots sont en interaction les uns avec les autres et les vers ont une cohérence propre et ont du sens par eux-mêmes de façon à ce que le passage à la ligne suivante ne soit pas dérangeant.

Les caractéristiques de la poésie comme le rythme ou la rime seraient, en quelque sorte, prédéterminées par le cerveau du poète, et pourtant, quelques études suggèrent que la poésie, ce « langage tout à fait à part » est en fait « préféré » par le cerveau humain qui serait « *poétique* » de prime abord.

Une autre caractéristique du langage que crée le poète est le rythme qu'il choisit pour donner ce sentiment d'apaisement et cette impression de valse vertigineuse que l'on ressent en lisant les lignes d'un poème comme si l'on exécutait des pas de danse.

En dehors de la production de la parole, un autre domaine pourrait être intéressant à prendre en compte. C'est celui traitant de l'harmonie et de l'attirance que nous avons du beau et de l'équilibre.

La compréhension de l'acte de choix des mots fait par le poète peut aussi bénéficier de cette seconde approche.

Dans certaines disparités, il y en a qui sont liées à la biologie, d'autres à la culture ou encore à la religion. Elles offrent toutes des sensibilités particulières.

Né à Montréal le 6 août 1953 de parents d'origine italienne, Antonio D'Alfonso a mis au centre de sa démarche artistique la question de l'identité.

« Sors de l'ombre et trouve ta place dans la clairière

du monde » propose-t-il comme si une voix féerique le lui avait chuchoté à l'oreille. Mais en réalité, avant de trouver, il faut chercher ; et le chemin de cette recherche épouse plutôt la forme des routes qui serpentent les collines de la Maiella en Italie. »

J'ai été confrontée très jeune à la discrimination fondée sur les facteurs extérieurs de ma différence. Ma double origine, berbère et française, m'a fait côtoyer deux mondes différents et vivre dans chacun d'entre eux comme s'il était le seul. Elle m'a aussi doté de deux sensibilités différentes qu'il a fallu mixer et quelque fois en choisir l'une au détriment de l'autre

La culture et les traditions berbères et celles françaises sont loin d'avoir des passerelles qui les lient entre elles, même si une histoire commune est née du fait de la colonisation. Quelque fois, je me dis que je suis le fruit de cette histoire commune avec tout ce qu'elle charrie avec elle de bon et de mauvais.

Certains souvenirs amers d'intolérance m'ont appris à composer avec les deux en même temps et ont créé des déchirures et des plaies que j'ai recousues en enlaçant le fil de la chemise de la combative Jeanne d'Arc la Pucelle et celui de Thaqendourth de la reine guerrière Dihya.

Je tiens à préciser que je suis loin d'avoir atteint une maturité poétique. Je ne fais qu'apprendre à taquiner les mots :

Ma pensée dessine les contours de la feuille.
Laissant la rosée perlée y griffonner mes confessions,
Pour finalement ne plus prêter à mon recueil,
Que des vestiges de notes condamnées à la disparition.

La nymphe se révélera, alors, dans ma romance en deuil.

La poétesse en moi, si je puis me permettre de me donner cette qualité, et le médecin que je suis devenue de par mes études, ne font qu'une et même personne : moi, avec ma sensibilité et mon amour pour les autres, ma colère quelquefois et mon souci d'égalité avec la gent masculine.

Je ne me qualifierais pas de féministe, mais de femme libre et déterminée à conserver mon indépendance. D'autant que pour le médecin que je suis, la fameuse différence vient tout simplement du chromosome Y.

Les hommes présentent un chromosome Y et un chromosome X, alors que les femmes ont deux chromosomes X. Cela change-t-il grand-chose ? Juste à donner à chaque sexe les forces qui lui sont propres pour vivre et en aucun cas donner des limites.

Le médecin connaît le corps de la femme qui se trouve être aussi le mien et ne comprend pas cet irrésistible souhait de nos sociétés patriarcales et traditionnelles de le soumettre.

Je suppose que cela fait de moi une poétesse engagée dans le combat des femmes, d'autant plus que la plupart des traditions religieuses sont castratrices pour les femmes. Elles se servent des différences physiques pour imposer leur hégémonie sur la gent féminine.

Elles évoquent la responsabilité d'Eve et le péché originel, la ruse et la « *tromperie féminine* », l'impureté de son corps capable de mettre au monde les enfants y compris de l'autre sexe.

La poésie est le vecteur qui s'est imposé à moi pour véhiculer ce sentiment d'injustice profonde.

Le vent ligote les épis de ses cheveux
Comme des lianes pour museler
Sur sa bouche, le cri de sa rage étouffée.
Pour gronder, il lui reste ses grands yeux
Deux émeraudes, brillantes des plus précieuses.

Il me semble que la poésie est au cœur des arts avec ses mots cartographiés dans une sorte de symbiose réunie pour le même amour du merveilleux et du beau.

Avec des mots, la poésie donne vie aux couleurs brossées sur la toile, aux arpèges taquinés sur les cordes et aux corps qui ondulent sur un tango. Elle s'impose tout naturellement comme une peinture, une mélodie ou une danse qui emprunte la grammaire du mot pour donner forme à un art poétique.

Une écriture qui permet de dire et de déclamer, avec du féerique et du rêve, des situations de bonheur mais aussi de tristesse et de douleur.
« Étonnamment monotone et lasse, Est ton âme en automne, hélas !» Louise de Vilmorin

Le stylo écrit des mots, la harpe murmure des mélodies, deux mondes qui se rejoignent dans « une ivresse poétique ». Imaginez l'œuvre poétique d'Omar Khayyam, dans les Rubaiyat ou encore Les Paradis Artificiels de Baudelaire, récités avec le murmure d'une harpe en musique de fond, c'est sublime : le poète devient chanteur !

Le stylo calligraphie des mots, le pinceau peint des apparences. Imaginez que les deux univers artistiques se rencontrent, qu'un poème doté d'un contour graphique, forme un dessin sur une page et illustre les vers d'une belle aquarelle, c'est magnifique : le poète devient peintre !

Une aquarelle est un feu d'artifice poétique
Et les émotions, sur nos lèvres, un cantique.
Les pinceaux, les stylos, comme nous, s'emmêlent
En un recueil aux couleurs de l'arc-en-ciel.

Pour Julie Delaloye, médecin, chercheuse et poète à Lausanne : « *Quand nous restons sans réponse face à la maladie et la souffrance, il reste toujours un poème.* »

Il est possible d'établir un lien entre la psychothérapie et la poésie. Le corps se fait soigner par un médecin, l'esprit se fait soigner par un psychiatre et, entre les deux, le poète trouverait sa place. On pourrait ainsi retrouver la création artistique (langage, peinture, sculpture) au croisement du somatique et du psychique.

Georges Canguilhem écrivait que « *l'acte médico-chirurgical n'est pas qu'un acte scientifique, car l'homme malade n'est pas seulement un problème physiologique à résoudre, il est surtout une détresse à secourir* ». Il serait très intéressant que les étudiants en médecine aient accès à la création artistique pour qu'ils portent un regard autre que scientifique sur la réalité de l'humain.

Dans son poème What I Would Give (Ce que je donnerais), le docteur Campo écrit :
Ce que j'aimerais leur offrir, c'est ceci,

Pas l'assurance que leurs poumons fonctionnent bien
Ou que le grain de beauté qu'ils ont remarqué n'est pas
Un mélanome, mais au lieu de la peur

Transfiguré par quelques conseils médicaux
Je voudrais leur faire part de mon étonnement.
En voyant la pluie comme si le monde entier pleurait
Et comme c'est ridiculement doux
De se lisser les cheveux ;
J'aimerais leur donner ça.

Et le docteur Campo de préciser : « *Nos paroles naissent de cet endroit très profond en nous qui n'a besoin d'aucune formation officielle.* » « *C'est un travail qui vient du cœur.* »

J'avais effectué mon internat à l'hôpital psychiatrique Frantz-Fanon de Blida, j'ai été impressionnée et tout de suite séduite par l'approche non médicamenteuse (l'ergothérapie, la musicothérapie et le sport) qu'a introduite le Dr Frantz Fanon.

La poésie pourrait être une « thérapeutique ». « Les mots, écrit Freud en 1890, sont l'outil essentiel du traitement psychique ».

Le poète, par ses mots, peut alors soigner les âmes tourmentées comme par magie. Et oui, de la magie avec des mots qui sont souvent déliés de la phrase, qui ont une sensibilité particulière et qui font référence bien souvent à des maux.

Le poète possèderait l'art de combiner les mots, les sonorités, les rythmes pour évoquer des images, suggérer des sensations, des émotions pour soigner les autres.

Dans son livre « *Le Délire et les rêves dans la Gradiva de Jensen, Paris, Gallimard, 1986* », Freud rend hommage aux poètes : « *Ils sont de précieux alliés et il faut placer bien haut leur témoignage* ».

Pour le médecin que je suis, la poésie serait non seulement un remède pour les patients, mais aussi un remède dont j'aurais besoin. Écrire des poèmes me permet de mettre des mots sur le sentiment d'impuissance qu'il m'arrive de ressentir face à la souffrance et la mort.

La poésie serait donc une « thérapie » pour le poète aussi. D'après Freud, les mots seraient l'outil essentiel du traitement psychique. Et donc, par des mots magiques, le poète soignerait son âme tourmentée.

Quand les mots se bousculent et veulent jaillir, ce sont plutôt les événements de la vie, les histoires et les mythes qui nous inspirent et qui veulent imposer leur présence.

Chaque poète peut évoquer un ou plusieurs livres qui l'accompagnent dans son parcours. Pour ma part, j'ai en ma possession un petit recueil depuis 1980, date à laquelle je l'ai acheté à la foire d'Alger alors qu'il venait juste d'être édité à la SNED.

J'aime ce livre. Il a vieilli à mes côtés. Ses pages se sont jaunies sous la patine de l'âge, 43 ans ! J'ai personnalisé chaque poème par des croquis esquissés qui reflétaient mon ressenti à leur lecture.

Je veux nommer « *Cristal du rêve* » de Rachid Zerrouki, né en 1948, décédé en 2002, a fait ses études supérieures à la faculté de médecine d'Alger.
« *Je découvre Dieu en rompant la tige d'une fleur*
Je le perds en cherchant une demeure. »

Dans les poèmes que j'écris, les émotions qui s'en

exhalent sont labiles. Elles apparaissent et puis s'en vont comme un cadeau éphémère qui laisse un goût d'inachevé. Il ne reste plus qu'à les relire de nouveau et comme un arbre non greffé, la saveur de leurs fruits sera à chaque fois renouvelée.

Rachid Zerrouki répondrait :

« Poète, nourri d'amertume autant que d'orgueil, j'ai pourtant suivi mon dur chemin jusqu'aux bords privés de mots ! … »

Moi, je vous réponds, qu'une page est habitée de mots dessinés, coloriés, chantés pour exorciser la poétesse qui est en moi :

« Merveilleuse page blanche,
Sur laquelle, de mes doigts
Je caresse et j'entrelace,
Des mots griffonnés,
Pour que la nuit me soit salutaire.

Merveilleuse page coloriée
Malgré ma tendresse infinie,
Tu vas te faner :
L'automne est arrivé.
Le sort jeté
Par une sorcière maléfique,
Semble s'évaporer,
Comme des lettres éthérées.

Les nuits torrides s'en sont allées,
Et le sortilège va hiverner.
Les mots doux
Composés, murmurés,

Les vers d'amour calligraphiés,
Les belles histoires contées,
Ont-ils eu un quelconque effet,
Pour retarder l'échéance,
Du coup de griffe affûté ?

Ô combien de belles histoires,
Dans un monde imaginaire,
J'ai fait naître,
Pendant que mon inéluctable destin,
Entre les pattes du chat, m'attend.
Je se pense fée,
Et, qu'avec sa baguette magique,
Je freinerais la malédiction,
Mais je ne fais que,
D'une dérisoire illusion, avorter.

Je me trompe.
Entre le rêve et la réalité,
La concurrence est inégale.
Je me complais dans ma rêverie.
Mais, l'évidence me rappelle,
À coup de griffes aiguisées,
De ne pas m'illusionner.
Il se fait très tard.
Le sommeil frappe à la porte
Les yeux, Je clos,
Pour mieux rêver,
Et faire fi de l'évidence programmée. »

La poésie bulle à bulle

Par Geneviève GUEVARA

Avant-propos

Parce qu'il est impossible de tout brasser, j'ai pris le parti-pris d'écrire dans ces lignes, ce que la poésie m'inspire à cet instant précis spontanément. C'est là qu'une pointe d'iceberg émerge. La poésie est un immense continent. Et chacun en possède une bribe. Sous mes doigts, par petites bulles, elle se dévoile un peu...

«La poésie est parole aimante, parole émerveillante, parole enveloppée sur elle-même, pétales d'une voix tout autour d'un silence. Toujours en danger de n'être pas entendue. Toujours au bord du ridicule, comme sont toutes les paroles d'amour. On croit que la poésie est un agencement un peu maniéré de certains mots, une façon obscure de faire tinter un peu d'encre et de songe. Mais ce n'est pas ça. Ce n'est pas ça du tout.»
Christian Bobin, « *La merveille et l'obscur.* »

Préambule

J'ai toujours aimé les étymologies qui nous enseignent à propos de tellement de choses, nous renseignent tellement de pistes à explorer. L'étymologie des mots est un trésor pour qui souhaite appréhender davantage la compréhension.

Ainsi, l'étymologie du mot « poésie » ouvre l'interprétation du fait poétique : « ποίησις, poiêsis », du verbe « ποίειν, poiein » (faire, fabriquer, créer) signifiait dans la Grèce antique « création ». Tandis que le mot « poème », du latin « *poema* » (poème, ouvrage en vers, poésie), du grec ancien « ποιεω, poiéô » (créer, fabriquer), « ποίημα, poíêma » (œuvre, création), se fait plus spécialiser à partir du latin. Cependant, la poésie et le poème expriment une création. Le poète est créateur. Le Créateur est poète.

Je vois dès lors dans la poésie un immense champ de possibles ! Elle ne se résume pas seulement à l'écrit. Elle se trouve en tout ce qui est créé directement par le souffle divin ou via le canal de l'artiste, inspiration – expiration : poèmes certes, peinture, sculpture, cinéma... mais aussi dans tout ce qui relève du créatif : cuisine, tissage, céramique...
Léonard de Vinci disait : « *La peinture est une poésie qui se voit au lieu de se sentir et la poésie est une peinture qui se sent au lieu de se voir.* »

La poésie est un ressenti, une sensation. La poésie se découvre en chaque chose. Il suffit de prendre le temps, d'observer, de contempler, et puis, de déguster.

Bulle d'art, bulle d'air

« La vérité, c'est qu'il y a des moments dans l'histoire, des moments comme celui que nous vivons, où tout ce qui empêche l'homme de désespérer, tout ce qui lui permet de croire et de continuer à vivre, a besoin d'une cachette, d'un refuge. Ce refuge, parfois, c'est seulement une chanson, un poème, une musique, un livre. (...) Il n'y a pas d'art désespéré - le désespoir, c'est seulement un manque de talent. »

Cette citation de Romain Gary provient de son premier roman « Éducation européenne ». Commencé en 1940 et achevé en 1943. Le contexte dans lequel émergea cette œuvre est important à souligner : le monde tournait fou...

Huit décennies plus tard, cette maxime est encore tellement actuelle ! Je me demande même si elle n'est pas plus actuelle que jamais...

Dans « L'Idiot », Dostoïevski affirmait « La beauté sauvera le monde. »

Pour l'écrivain russe, le salut proviendra donc de la beauté. Et cette dernière peut s'observer, se contempler, se déguster de tellement de manières différentes : la beauté de la nature, la beauté d'un geste, la beauté d'œuvres humaines... L'auteur, lauréat de deux Goncourt, dans la maxime précédemment citée, choisit, lui, d'écrire qu'une chanson, un poème, une musique, un livre pourrait au cœur du chaos permettre de supporter et traverser le chaos.

Ce refuge dont parle Romain Gary est une excellente addiction mais n'être que dans la consommation d'art n'est pas suffisant pour sortir la tête du trou. Entrer dans l'univers créatif d'autrui c'est un peu la béquille qui nous permet de ne pas crouler, de ne pas couler.

Mais cette compensation ne doit pas venir que de l'extérieur de soi mais également de l'intérieur de soi. Pas seulement être consommateur mais créer. Admirer et contempler. Et susciter la contemplation. Participer aussi.
Dès lors, il importe plus que jamais de se saisir d'un crayon et d'écrire ; de se saisir des pinceaux et de peindre ; d'un couteau, de casseroles et de produits frais et de cuisiner ; de se saisir de fils colorés et de broder... Qu'importe ! L'important est d'oser effleurer le beau, de le chatouiller et peut-être d'éternuer avec lui...

Parce que créer, c'est vivre. Parce que créer, c'est être. C'est le début d'autre chose : c'est soulever l'épais rideau d'un nouvel univers. Alors, le désespoir, c'est seulement un manque de talent ?... Je dirais plutôt le désespoir, c'est seulement un manque d'audace... à oser réveiller, révéler ses talents !
Dès lors, il importe de permettre à l'enfant de continuer de s'émerveiller de tout, de lui proposer des activités où exprimer ses différentes ressources mais aussi d'éveiller, de promouvoir tout ce qui est artistique, de permettre de voir, d'écouter... Et ainsi, les années passant d'être toujours autant créatif et qu'admiratif.

Toute créativité contre le désenchantement. Et la poésie est enchantement, chant des profondeurs, des profondes heures.

Lorsque les mots entrent dans la danse, le chant se fait intense. Les maux se font mots, la danse est dense...
Le poème amplifie les sensations, les sent, titille leur essence. Les mots en son sein s'organisent selon une autre logique que dans la prose. Le poème joue de multiples gammes et peut dérouter qui s'accroche au mental, qui s'accroche aux règles, qui pour se rassurer instaure des garde-fous... Des garde-fous...

La poésie est quelquefois une folie douce, quelquefois

extravagante... La poésie est émancipation, la poésie est passion...

De mille barbules

La poésie a de multiples buts.
Mais son but premier est très certainement d'exprimer des émotions, d'imprimer ce qui traverse et qui parfois dépasse le poète. Elle peut être esthétique bijou. Elle suscite le plaisir, le plaisir vif, la joie aussi. Une idée du bonheur.
Mais elle est aussi thérapeutique lorsqu'elle sert d'exutoire au mal de vivre par exemple.
Elle est aussi voyage chamanique, expérience initiatique, un passage du profane au sacré...
Elle peut manifester un engagement.
La poésie s'exprime de multiples façons, elle est espiègle. Mais même sous le vêtement le plus classique, elle est jeu.

O. La poésie est jeux

Ainsi elle peut s'amuser des rimes et de la métrique de ses vers de manière très régulière tout au long d'un poème (par exemple, le célèbre alexandrin scande tous les vers du sonnet) ou modifier de strophe en strophe le compte des pieds (le poème « les Djinns » de Victor Hugo dans la première strophe compte deux pieds, un de plus dans la seconde, et ainsi de suite jusqu'à, au coeur du texte, contenir des octosyllabes et puis, d'un coup, des décasyllabes : le rythme enfle au paroxysme, la voix du lecteur elle aussi s'intensifie. Et puis le nombre décroît, jusqu'à revenir à deux pieds dans la dernière strophe. Ce jeu rythmique est bien sûr couplé d'un important champ lexico-sémantique, et pour qui est attentif aux mots employés ainsi qu'à ce qui est donné à voir graphiquement, le texte se révèle dans toute sa splendeur :

Les Djinns

Murs, ville,
Et port,
Asile
De mort,
Mer grise
Où brise
La brise,
Tout dort.
Dans la plaine
Naît un bruit.
C'est l'haleine
De la nuit.

Elle brame
Comme une âme
Qu'une flamme
Toujours suit !
La voix plus haute
Semble un grelot.
D'un nain qui saute
C'est le galop.
Il fuit, s'élance,
Puis en cadence
Sur un pied danse
Au bout d'un flot.
La rumeur approche.
L'écho la redit.
C'est comme la cloche
D'un couvent maudit ;

Comme un bruit de foule,
Qui tonne et qui roule,
Et tantôt s'écroule,
Et tantôt grandit,
Dieu ! la voix sépulcrale
Des Djinns !... Quel bruit ils font !
Fuyons sous la spirale
De l'escalier profond.
Déjà s'éteint ma lampe,
Et l'ombre de la rampe,
Qui le long du mur rampe,
Monte jusqu'au plafond.
C'est l'essaim des Djinns qui passe,
Et tourbillonne en sifflant !
Les ifs, que leur vol fracasse,
Craquent comme un pain brûlant.
Leur troupeau, lourd et rapide,
Volant dans l'espace vide,
Semble un nuage livide
Qui porte un éclair au flanc.
Ils sont tout près ! - Tenons fermée
Cette salle, où nous les narguons.
Quel bruit dehors ! Hideuse armée
De vampires et de dragons !
La poutre du toit descellée
Ploie ainsi qu'une herbe mouillée,
Et la vieille porte rouillée
Tremble, à déraciner ses gonds !
Cris de l'enfer ! voix qui hurle et qui pleure !
L'horrible essaim, poussé par l'aquilon,

Sans doute, ô ciel ! s'abat sur ma demeure.
Le mur fléchit sous le noir bataillon.
La maison crie et chancelle penchée,

Et l'on dirait que, du sol arraché,
Ainsi qu'il chasse une feuille séchée,
Le vent la roule avec leur tourbillon !
Prophète ! si ta main me sauve
De ces impurs démons des soirs,
J'irai prosterner mon front chauve
Devant tes sacrés encensoirs !
Fais que sur ces portes fidèles
Meure leur souffle d'étincelles,
Et qu'en vain l'ongle de leurs ailes
Grince et crie à ces vitraux noirs !
Ils sont passés ! - Leur cohorte
S'envole, et fuit, et leurs pieds
Cessent de battre ma porte
De leurs coups multipliés.
L'air est plein d'un bruit de chaînes,
Et dans les forêts prochaines
Frissonnent tous les grands chênes,
Sous leur vol de feu pliés !
De leurs ailes lointaines
Le battement décroît,
Si confus dans les plaines,
Si faible, que l'on croit
Ouïr la sauterelle
Crier d'une voix grêle,
Ou pétiller la grêle
Sur le plafond d'un vieux toit.
D'étranges syllabes
Nous viennent encor ;
Ainsi, des arabes
Quand sonne le cor,
Un chant sur la grève
Par instants s'élève,
Et l'enfant qui rêve

Fait des rêves d'or.
Les Djinns funèbres,
Fils du trépas,
Dans les ténèbres
Pressent leurs pas ;
Leur essaim gronde :
Ainsi, profonde,
Murmure une onde
Qu'on ne voit pas.

Ce bruit vague
Qui s'endort,
C'est la vague
Sur le bord ;
C'est la plainte,
Presque éteinte,
D'une sainte
Pour un mort.
On doute
La nuit...
J'écoute : -
Tout fuit,
Tout passe
L'espace
Efface
Le bruit.

Victor Hugo

Le poète peut s'amuser par des jeux de mots, en créant des néologismes, en les chahutant la syntaxe...

Le grand combat

Il l'emparouille et l'endosque contre terre ;
Il le rague et le roupète jusqu'à son drâle ;
Il le pratèle et le libucque et lui barufle les ouillais ;
Il le tocarde et le marmine,
Le manage rape à ri et ripe à ra.
Enfin, il l'écorcobalisse.

L'autre hésite, s'espudrine, se défaisse, se torse et se ruine.
C'en sera bientôt fini de lui ;
Il se reprise et s'emmargine... mais, en vain
Le cerceau tombe qui a tant roulé.
Abrah ! Abrah ! Abrah !
Le pied a failli !
Le bras a cassé !
Le sang a coulé !

Fouille, fouille, fouille,
Dans la marmite de son ventre est un grand secret
Mégères alentour qui pleurez dans vos mouchoirs ;
On s'étonne, on s'étonne, on s'étonne
Et on vous regarde
On cherche aussi, nous autres, le Grand Secret.

Henri Michaux

Des jeux sonores peuvent également s'inviter sous les doigts des poètes :

Âme de nuit

Mon âme en est triste à la fin ;
Elle est triste enfin d'être lasse,
Elle est lasse enfin d'être en vain,
Elle est triste et lasse à la fin
Et j'attends vos mains sur ma face.
(...)

Maurice Maeterlinck

Mon rêve familier

Je fais souvent ce rêve étrange et pénétrant
D'une femme inconnue, et que j'aime, et qui m'aime,
Et qui n'est, chaque fois, ni tout à fait la même
Ni tout à fait une autre, et m'aime et me comprend.

Car elle me comprend, et mon cœur transparent
Pour elle seule, hélas ! cesse d'être un problème
Pour elle seule, et les moiteurs de mon front blême,
Elle seule les sait rafraîchir, en pleurant.

Est-elle brune, blonde ou rousse ? Je l'ignore.
Son nom ? Je me souviens qu'il est doux et sonore,
Comme ceux des aimés que la vie exila.
Son regard est pareil au regard des statues,

Et, pour sa voix, lointaine, et calme, et grave, elle a
L'inflexion des voix chères qui se sont tues.

Paul Verlaine

1. La poésie esthétique

L'esthétique peut être le seul but du poète : pas de message spécifique, pas de certitudes à partager. Le poème se construit en jeux de sonorité, jeux rythmiques, en métaphores...

Par exemple, les surréalistes ont quelquefois produit des œuvres uniquement esthétiques via les cadavres exquis et l'écriture automatique.

2. La poésie didactique

Le but de la poésie didactique est de délivrer un enseignement à ses lecteurs. Cet enseignement peut être d'ordre moral, scientifique ou esthétique.

Les fables de **Jean de la Fontaine** sont les plus connues pour illustrer ce type de poésie : les aventures des animaux mis en scène délivrent toujours des leçons de morale.

3. La poésie lyrique

Le poète exprime ses sentiments de manière recherchée et esthétique. La poésie lyrique se caractérise par l'importance du « je » et parfois du « tu ». Ce type de poèmes peuvent être autobiographiques.

Alphonse de Lamartine s'est abondamment adonné à ce type de poésie, notamment dans les *Méditations poétiques*.

4. La poésie engagée

Un poème peut, par le pouvoir, la vibration de ses mots, par l'intention de ces derniers, défendre un point de vue, réfuter une thèse, combattre ou soutenir une idéologie. Son auteur communique ses convictions, il a pour ambition de susciter la réflexion, de provoquer l'engagement, il peut être un lanceur d'alerte.

Les problèmes sociaux peuvent être dénoncés par ce biais : les injustices, les inégalités, la misère sociale, les horreurs de la guerre, le travail des enfants, la souffrance de manière générale... La poésie engagée est principalement politique, culturelle, sociale, morale ou religieuse.

Ainsi voici quelques exemples de poètes connus pour leur engagement :

Agrippa d'Aubigné dans « Les Tragiques » a pris fait et cause pour les protestants alors que **Pierre de Ronsard** a choisi le catholicisme.

Napoléon III, dans « Les Châtiments », fut vilipendé par **Victor Hugo**.

Contre l'occupant nazi, **René Char**, **Louis Aragon** et **Robert Desnos** n'hésitèrent pas à se mouiller tout comme **Joseph Kessel** et **Maurice Druon** et leur célèbre chanson « *Les Partisans* ».

La poésie s'engage lorsque son auteur insère en son sein un discours argumentatif soutenant une cause, ce point de vue peut être direct ou indirect.

Pour arriver à faire mouche, les procédés utilisés par le poète sont multiples : les champs lexicaux (selon les cas, ceux-ci seront par exemple centrés sur l'injustice, les discriminations, la misogynie, la violence...) et les figures de style (principalement les anaphores et les antithèses) sont toutefois les plus usités.

Dans son recueil « *Poésie et Vérité* » paru clandestinement en 1942, **Paul Eluard**, engagé dans la Résistance pendant la seconde guerre, a inséré comme premier poème « Liberté ». Ce texte, comme tous ceux qui le suivent, est un poème de lutte : l'objectif étant de soutenir l'espérance de la victoire des combattants. « Liberté » a été parachutée dans les maquis pour insuffler espoir et courage à qui le lirait :

« *Sur mes cahiers d'écolier*
Sur mon pupitre et les arbres
Sur le sable sur la neige
J'écris ton nom
Sur toutes les pages lues
Sur toutes les pages blanches
Pierre sang papier ou cendre
J'écris ton nom
(...)
Et par le pouvoir d'un mot
Je recommence ma vie
Je suis né pour te connaître
Pour te nommer Liberté. »

L'effet incantatoire de ce poème, par exemple, est un excellent moyen pour émouvoir, marquer et persuader.

Aristide Bruant dans « La Chanson des canuts » engendre la révolte :

« *C'est nous les canuts*
Nous allons tout nus
C'est nous les canuts
Nous allons tout nus
Mais notre règne arrivera quand votre règne finira
Mais notre règne arrivera quand votre règne finira
Nous tisserons le linceul du vieux monde.
Car on entend déjà la révolte qui gronde »

Empathe, le poète s'exprime au nom de tous, il est porte-parole :

« Nous sommes sans soleil, sans appui, sans effroi » affirme **Victor Hugo**.

« *La France à jointes mains vous en prie et reprie* » supplie **Pierre de Ronsard**.
Usant des impératifs, le poète exhorte à l'action :
« Chantez, compagnons, dans la nuit la liberté vous écoute »
Le Chant des Partisans

La poésie engagée est donc subversive et son auteur connaît les risques à s'engager.

Combien de poètes ont eu en effet leur chant brisé, leur vie ôtée ?

Je ne citerai parmi les poètes emprisonnés ou exilés que Yannis Ritsos, Victor Hugo, Näzim Hikmet, Ossip Mandelstam, Nguyên Chi Thiên... et parmi les innombrables poètes assassinés que Federico Garcia Lorca, Max Jacob, André Chénier, Robert Desnos, AlekosPanagoulis,Lounès Matoub, Tahar Djaout...

5. De l'engagement à la mission ?

.) Selon Victor Hugo, le poète a une mission extrêmement importante : parce qu'éclairé par Dieu, il se doit d'œuvrer pour le bien de l'humanité. Il le considère comme un mage, un prophète qui guide les peuples. Malgré son rôle important, sa mission n'est pas reconnue et son chemin est couvert de difficultés (dont l'envie et la dérision).

.) Cette reliance du poète au divin n'est pas neuve et se retrouve notamment dans l'antiquité grecque. Ainsi, Homère était qualifié de « theosHomèros » (renvoi originellement à « theiosaoidos, aède inspiré des Muses », sa poésie présentant un savoir universel et dont la puissance exercée sur l'auditoire était quasiment magique. On peut remarquer que très rapidement des cultes divins furent rendus au poète de « l'Illiade » et de « l'Odyssée » à Smyrne et Alexandrie.

.) Les poètes antiques, pendant des siècles, ayant été souvent assimilés aux prêtres, aux devins, le christianisme, craignant des confusions, des amalgames, privilégiera le prophète relié au monde biblique est donc considéré comme porteur de la vérité au détriment du poète considéré comme lié à un monde de mensonges et de fictions. Ce dernier sera écarté dans le même mouvement que les « sciences divinatoires » et la voyance.

.) Il faudra des siècles pour que la poésie soit réhabilitée et son statut antique recouvert :
l'artiste/poète, en relation avec l'absolu, sera alors à nouveau régulièrement appelé prophète.

Le romantisme contribuera beaucoup à cette réhabilitation avec notamment **Novalis, Victor Hugo, Alfred de Vigny, Alfred de Musset... puis Charles Baudelaire, Arthur Rimbaud, André Breton...**

Les capacités surnaturelles du poète tout autant que sa mission seront dès lors souvent mentionnées.

Par le médium des mots, les poètes peuvent dévoiler la présence divine au monde :
« (...) cette double intuition de l'idéal, à la fois céleste et terrestre, sert le progrès par le rayonnement, civilise l'homme en manifestant Dieu, amende le relatif par sa confrontation avec l'absolu, élève la lumière à la splendeur et crée les suprêmes merveilles (...) » **(Victor Hugo)**

Le cas **Arthur Rimbaud** est particulièrement intéressant à plus d'un titre dans l'histoire de la poésie française. Rimbaud : le dérèglement de tous les sens, voyance et alchimie

Lettre du voyant à Paul Demeny :

« (...) *Car « JE » est un autre. Si le cuivre s'éveille clairon, il n'y a rien de sa faute. Cela m'est évident. J'assiste à l'éclosion de ma pensée, je la regarde, je l'écoute, je lance un coup d'archet : la symphonie fait son remuement dans les profondeurs, ou vient d'un bond sur la scène. Si les vieux imbéciles n'avaient pas trouvé du Moi que la signification fausse, nous n'aurions pas à balayer ces millions de squelettes qui, depuis un temps infini, ont accumulé les produits de leur intelligence borgnesse, en s'en clamant les auteurs !*
(...)

La première étude de l'homme qui veut être poète est sa propre connaissance, entière ; il cherche son âme, il l'inspecte, il la tente, l'apprend. Dès qu'il la sait, il doit la cultiver ; cela semble simple : en tout cerveau s'accomplit un développement naturel ; tant d'égoïstes se proclament auteurs ; il en est bien d'autres qui s'attribuent leur progrès intellectuel !
(...)

Je dis qu'il faut être voyant, se faire voyant.

Le Poète se fait voyant par un long, immense et raisonné dérèglement de tous les sens. Toutes les formes d'amour, de souffrance, de folie ; il cherche lui-même, il épuise en lui tous les poisons, pour n'en garder que les quintessences. Ineffable torture où il a besoin de toute la foi, de toute la force surhumaine, où il devient entre tous le grand malade, le grand criminel, le grand maudit, - et le suprême Savant ! - Car il arrive à l'inconnu ! Puisqu'il a cultivé son âme, déjà riche, plus qu'aucun ! Il arrive à l'inconnu, et quand, affolé, il finirait par perdre l'intelligence de ses visions, il les a vues. Qu'il crève dans son bondissement par les choses inouïes et innommables : viendront d'autres horribles travailleurs : ils commenceront par les horizons où l'autre s'est affaissé ! »

Alchimie du verbe

A moi. L'histoire d'une de mes folies.

Depuis longtemps je me vantais de posséder tous les paysages possibles, et trouvais dérisoires les célébrités de la peinture et de la poésie moderne.

J'aimais les peintures idiotes, dessus de portes, décors, toiles de saltimbanques, enseignes,

Enluminures populaires ; la littérature démodée, latin d'église, livres érotiques sans orthographe, romans de nos aïeules, contes de fées, petits livres de l'enfance, opéras vieux, refrains niais, rythmes naïfs.
Je rêvais de croisades, voyages de découvertes dont on n'a pas de relations, républiques sans histoires, guerres de religion étouffées, révolutions de mœurs, déplacements de races et de continents : je croyais à tous les enchantements.

J'inventai la couleur des voyelles ! - A noir, E blanc, I rouge, O bleu, U vert. - Je réglai la forme et le mouvement de chaque consonne, et, avec des rythmes instinctifs, je me flattai d'inventer un verbe poétique accessible, un jour ou l'autre, à tous les sens. Je réservais la traduction. Ce fut d'abord une étude. J'écrivais des silences, des nuits, je notais l'inexprimable. Je fixais des vertiges.
(...)

Cela s'est passé. Je sais aujourd'hui saluer la beauté. »

Ces deux textes rimbaldiens permettent de situer sa « révolution poétique ». Le premier (la lettre au poète **Paul Demeny**, datée du 15 mai 1871) révèle les expériences poétiques du jeune homme ainsi que son cheminement avec force de détails. Dans le second (Alchimie du verbe, extrait de « Une saison en enfer », 1873), le poète condamne les folies hallucinatoires qu'il a pratiquées. Son texte se termine par : « Cela s'est passé. Je sais aujourd'hui saluer la beauté. »

Comme celle de **Charles Baudelaire** ou celle de **Stéphane Mallarmé**, l'œuvre rimbaldienne constitue un des points de départ de la poésie moderne.

En 1869, le jeune Arthur, âgé de quinze ans, écrivit ses premiers poèmes. Ses derniers datent de 1874. Les premiers, en dépit de leur facture traditionnelle, rayonnent de fraîcheur et de liberté (*Ma Bohème*) ; les derniers sont hallucinatoires. Les textes des Illuminations, composés en 1874 majoritairement à Londres, constituent une nouvelle (*et ultime*) étape dans son cheminement poétique. Notons que la poésie en prose à laquelle il recourt façonne un univers magique et irrationnel. « C'est que la voyance rimbaldienne, tout en étant une expérience personnelle et par là limitée, devient aussi une méthode poétique : le langage y est en effet constitué par l'enregistrement direct des « images mentales » et la définition du symbole comme « image mentale » autorise une liberté quasi totale de la poésie, et en particulier la double exploration de l'idéal et de l'inconscient : ainsi s'explique que le symbolisme et le surréalisme aient dans l'œuvre de Rimbaud leur source commune. »

Henri Lemaître

La poésie ne se restreint pas, elle œuvre !
Elle est un cheval fougueux, libre qui parfois accepte le harnais... Parfois...

6. La poésie, c'est l'expression libre. Elle bouscule, elle agite.

Ah, c'est bien vrai
La poésie n'aime pas les poussières
Elle chahute
Peu lui chaut la censure
le "politiquement correct"
La poésie est par nature
Irrévérencieuse
Elle retrousse ses manches
Bouscule codes et ...

Oui, la poésie bouscule les certitudes, les diktats des pouvoirs en place, les us et coutumes, le bon usage, la langue corsetée... !

La versification et la révolution du vers libre

Pendant des siècles, la poésie obéit à des règles strictes.

On maîtrise les alexandrins, décasyllabes, octosyllabes, hexasyllabes...

On rime pauvres, suffisantes et de préférence riches ; on couple masculines et féminines, on croise, embrasse ou plate ;

On ordonne les vers en distiques, tercets, quatrains, sizains...

On écrit des rondeaux, des sonnets, des ballades...

Bref, les mots sont dominés, la poésie est domestique.

Et la poésie est belle, même corsetée.

Il semble que c'est au 16ème siècle que pour la première fois l'appellation « *vers libre* » soit utilisée par **Blaise de Vigenère**. Mais on ne sait qui fut le poète précurseur.

Il faudra attendre cependant la fin du 19ème siècle pour que le vers se libère peu à peu.

La poésie française s'autorise déjà depuis un certain temps des libertés métriques avec le « vers irréguliers ». La **Fontaine** eut cette audace dans notamment ses contes et **Molière** dans

« L'Amphitryon ».

Victor Hugo et **Stéphane Mérimée** assouplirent les règles de la versification.

Quant à **Charles Baudelaire**, avec « Le Spleen de Paris », il accorda le privilège du poème en prose, mieux : Il lui conféra ses titres de noblesse !

Distinguons, avant de poursuivre, la prose classique et la prose poétique. La prose est un texte constitué de phrases dont la ponctuation est respectée de manière cohérente. La prose poétique, qu'affectionnent **Baudelaire** et **Rimbaud** par exemple, conserve ces caractéristiques mais usera davantage de lyrisme et recourra aux figures de style poétiques comme les allitérations, les métaphores...).

Un vers libre n'obéit pas à une structure régulière. Il peut s'affranchir totalement : ni métrique ni rimes ni strophes ; ou s'affranchir partiellement. Il est libre ! Il conserve la présence d'alinéas, la majuscule au début des lignes ou pas... Il est libre ! Libre !

Le poème « *Marines* » d'**Arthur Rimbaud,** illustre bien la forme libre :

Les chars d'argent et de cuivre
Les proues d'acier et d'argent
Battent l'écume,
Soulèvent les souches des ronces
Les courants de la lande,
Et les ornières immenses du reflux,

Filent circulairement vers l'est,
Vers les piliers de la forêt,
Vers les fûts de la jetée,
Dont l'angle est heurté par des tourbillons de lumière.

Après la lecture des poèmes rimbaldiens, **Jules Laforgue,** dont la métrique s'affranchit déjà de la versification traditionnelle, casse encore davantage les codes dans ses derniers textes (publiés post mortem) :

Oh ! que
Devinant l'instant le plus seul de la nature,
Ma mélodie, toute et unique, monte,
Dans le soir et redouble, et fasse tout ce qu'elle peut
Et dise la chose qu'est la chose,
Et retombe, et reprenne,
Et fasse de la peine,
Ô solo de sanglots,
Et reprenne et retombe
Selon la tâche qui lui incombe.
Oh ! que ma musique
Se crucifie,
Selon sa photographie
Accoudée et mélancolique !... »

Gustave Kahn se fera ensuite en 1888 le théoricien du vers libre dans sa Revue indépendante :
« (...) *cette technique nouvelle permettra à tout poète de concevoir en lui son vers ou plutôt sa strophe originale, et d'écrire son rythme propre et individuel.* »

Malgré que plusieurs poètes s'essayèrent aux vers libres ensuite, c'est Blaise Cendrars avec « La Prose du Transsibérien et de la petite Jehanne de France » qui est considéré comme étant le premier a usé vraiment des vers libres.

S'émanciper alors des formes fixes (plus de règles tant point de vue du nombre de pieds, de la longueur des strophes, des rimes...) permet de nouvelles possibilités créatrices d'émerger.

S'émanciper, oser sortir des chemins balisés de règles, de codes, laisser faire, laisser passer...

Créer... Créer sans limite !

On vient de passer un cap. On change d'univers.

7. La poésie, un chemin spirituel ?

Le poète inspiré ne transpire pas en cherchant ses mots : ceux-ci fusent à toute volée, ceux-ci s'agitent à tire d'ailes.

Puisé à la Source, le poème s'écrit tout seul, la main n'est que l'instrument de l'âme.

Les mots coulent fluides, parfois étranges...

C'est normal car la plume du poète est la manifestation de son essence : l'ange est messager (du latin « angelus, emprunté au grec « ἄγγελος » signifiant « messager »).

Le poète inspiré est un canal, un médium.

L'inspiration est acte créateur (rappelons-nous l'étymologie du mot «poème»).

Une fois composé, un poème ne peut mourir : le souffle l'anime, l'énergie ne disparaît jamais.

La poésie est plus souvent que le roman, me semble-t-il, apte à heurter l'huis de l'âme, à ravir tous nos sens, un charme particulier...

Écrire la poésie est également l'émergence du continent vierge encore...

Oui je sens qu'au fond de chacun de nous sommeille un poète qui ne demande qu'à se réveiller.

Oui je sens que la limite entre la poésie et la prophétie n'existe pas. Et c'est une des raisons pour laquelle certains fuient : ils en ont peur. Les règles rassurent. Le corset empêche les débordements tout autant qu'il empêche le souffle...

Funambule

« *J'ose l'écrire...*
J'ai confiance en mon intuition, cette petite voix intérieure, pour tout du plus loin que je me
souvienne.
Quand quelque chose m'est inspiré, cela se confirme toujours tôt ou tard.
Je suis une intuitive.
(...)

Je suis aussi une boulimique des mots, de leurs sens, de leur agencement, de leurs résonances, des émotions qu'ils suscitent... Les mots s'intériorisent, s'extériorisent, s'imposent, s'exposent, s'expriment, s'impriment... Je suis une mosaïste des mots... Seuls, ils s'ennuient dans l'invisible, ils trépignent d'impatience, s'agitent dans ma tête, sous ma plume, ils volent parfois plus vite que mes doigts... Et puis, étrangement, ils s'assemblent en forme, en sens... Leurs messages sont parfois délurés, taquins ou profonds, dérangeants ou dérangés, pudiques ou musiques, sages ou fous...
(...)

Et puis, encore des bouleversements, et là l'écriture, vitale, souffle intense... Je suis traversée,
renversée, transportée.
C'est là.
Je suis encore timide de ma voix...
Chrysalide de mon moi enfin réveillé, révélé...
Et là, toutes les portes de mon intuition s'ouvrent, parfois à mon insu...
C'est grand, c'est magique...

Et ça provoque des vagues et des remous...
Et je découvre l'envers du décor.
Un jour face un jour pile...

Être artisan de la langue, du son, du sens. Être artisan de la réflexion en action, celle qui secoue, celle qui bouscule.
C'est apprendre à dépasser la jalousie (le store derrière lequel on épie autant que le sentiment
mesquin) que l'on suscite, comme si nous n'étions pas tous complémentaires !
C'est accepter de ne pas avoir d'appréciations alors que d'autres en reçoivent des centaines pour chaque publication.
C'est découvrir combien les épidermes de certains refusent d'être effleurés.
C'est parfois le grand n'importe quoi que mes écrits provoquent.
Un grand théâtre de l'illusion.
Écrire presque sans filet... Alors le doute...
Pourquoi écrire encore ? Pourquoi produire ? Cela en vaut-il la peine ?
Je pourrais n'écrire que pour moi...
Certes.
Mais je pense à la parabole des talents.
Quelle satisfaction aurai-je au jour du jugement dernier de cette vie ? Aurai-je fait résonner ma symphonie ? Aurai-je enchanté le monde ? Et surtout aurai-je osé braver mes croyances
limitantes ?

Suivre cette petite voix très subtile, ma boussole intérieure, ma petite fée clochette, et sortir des chemins battus, oser l'insécurité, oser sortir de tout ce qui m'est connu.
Et quoiqu'il arrive, oser encore.
Au dernier souffle, le jour du jugement dernier, je murmurerai : « j'ai osé être.»

Extrait de mon roman « Mo Tsaïques »

Postambule

Être artiste/poète, c'est expérimenter la liberté.

Et celle-ci est multiple !

La liberté, c'est aussi ne pas souhaiter adopter tel ou tel cheminement. Peu importe les raisons qui motivent l'engagement ou le désengagement. Et personne n'a à dire à un artiste/poète ce qu'il a à faire, on n'a pas à lui dicter ce qu'il a à écrire ou à être ! Et ça, c'est un fameux problème pour certains qui veulent toujours inciter autrui à monter en première ligne de ce qu'ils estiment être la cause juste !

La vie est un poème à écrire avec sa propre signature vibratoire.

La poésie est un chemin propre à chacun.
A arpenter à son rythme.
Avec ou sans feuille de route.
Sans jugement.
Simplement

Références bibliographiques

Flore Kimmel-Clauzet, « *TheiosHomèros : du poète inspiré au poète divinisé ?* »,
https://doi.org/10.4000/mythos.2413
Le quotidien d'un prophète, Archives de Tag : Arthur Rimbaud. « *Les chaussures d'Arthur Rimbaud : poètes, voyants, prophètes ou magiciens...* ? », 22 janvier 2014, WordPres.com,
https://leprophetismeauquotidien.wordpress.com
Henri Lemaître, « *La poésie depuis Baudelaire* », Paris, Armand Colin, 1965.

PARTIE II

HOMMAGE À FRÉDÉRIC TISON

PRÉSENTATION DU POÈTE FRÉDÉRIC TISON (1972-2023)

Par Claire BOITEL

L'œuvre de Frédéric Tison, presque exclusivement poétique, s'étend de 2010 à 2022. Une dizaine d'années donc, pour parachever un style, une écriture commencée beaucoup plus tôt, à l'adolescence.

S'incarner pleinement dans des poèmes qui ne sont pas seulement un désir de beauté et de monstration de la beauté mais un témoignage humain, mission accomplie pour ce poète contemporain, et ce miracle s'appelle le style, la manière, la lucidité, la vision.

Toujours chez lui cet équilibre où ne déborde ni la plainte ni l'euphorie. Un lyrisme mesuré, la réinvention d'un classicisme sans rimes où la langue chante sans crier. Où l'émotion est fraîche et pure. Où l'étonnement efface toute banalité.

Il s'agit d'entendre cette poésie au plus intime de soi, au plus honnête de soi, en tête-à-tête.

Frédéric Tison a publié la plupart de ses livres aux éditions Librairie-Galerie Racine, depuis *Les Ailes basses* jusqu'à *Nuages rois*, en passant par *Les Effigies*, *Le Dieu des portes* (prix Aliénor 2016), *Aphélie* suivi de *Noctifer*, *La Table d'attente* (prix Louis-Guillaume du Poème en prose).

Ces six livres forment un tout, presque une suite, sur lesquels j'ai publié une étude : *Frédéric Tison, la voix derrière la voix* (préface de Paul Farellier, de l'Académie Mallarmé) aux éditions Pétra en juin 2023, juste avant sa mort en novembre.

Choix de poèmes

Nombre de critiques et de lecteurs se sont pris de passion pour cette poésie, dès lors qu'ils en ont eu connaissance par les textes. Aussi bien les professionnels de l'écriture que les amateurs se sont plu à rédiger une quantité importante d'articles voire d'études sur cette œuvre inhabituelle, détonante dans le ciel de la poésie de langue française.

Lauréat de deux prix de poésie, le prix Aliénor si exigeant et le prestigieux prix Louis-Guillaume du Poème en prose, Frédéric Tison s'est aussi vu nominé régulièrement ces dernières années dans la première sélection du prix Mallarmé.

Bibliographie principale

Poésie

Les Ailes basses, éd. Librairie-Galerie Racine, 2010.
Les Effigies, éd. Librairie-Galerie Racine, 2013.
Le Dieu des portes, éd. Librairie-Galerie Racine, 2016.
Aphélie suivi de *Noctifer*, éd. Librairie-Galerie Racine, 2018.
La Table d'attente, éd. Librairie-Galerie Racine, 2019.
Nuages rois, éd. Librairie-Galerie Racine, 2021.
Dialogues autour d'un prince ému, éd. Les Lieux-Dits, 2022.

Poésie/livres d'artiste

Une autre ville, Avec des encres et gravures de Renaud Allirand, Arts et Lettres, 2013.
La Demeure aux infinis, Avec des dessins de Damien Brohon, La Lucarne des Écrivains, 2022.

Essai poétique

Selon Silène, Étude sur la figure du satyre Silène, compagnon de Dionysos, L'Harmattan, 2018 .

Dans les arcanes de la création

Claire Boitel s'entretient avec Frédéric Tison – Prix Louis Guillaume 2021

C.B. – Bonjour Frédéric Tison.

F.T. – Bonjour, Claire Boitel.

C.B. – Vous êtes poète et avez publié à ce jour sept livres de poésie, dont le dernier, Nuages rois, *a paru en avril 2021 aux éditions Librairie-Galerie Racine, à Paris. Vous avez obtenu deux prix de poésie : le Prix Aliénor 2016 pour* Le Dieu des portes *et le Prix Louis-Guillaume du Poème en prose 2021 pour* La Table d'attente. *Des critiques éminents se sont penchés sur votre œuvre, dont la richesse émerveille et interroge. Je souhaitais ici aller un peu dans les coulisses de votre écriture.*
Nous allons commencer par deux questions classiques : quelles sont les lectures qui vous nourrissent le plus et dont on peut retrouver des échos dans vos livres ? Quelles époques et quelles civilisations vous ont le plus marqué ?

F.T. – J'aime l'Histoire, toute l'Histoire ; les atlas historiques et les livres d'histoire me passionnent. Certaines civilisations m'intéressent toutefois plus que d'autres, bien entendu. J'aime en particulier l'histoire de la Mésopotamie, l'histoire du peuple juif, l'Antiquité grecque et l'Antiquité romaine, l'histoire de la Perse. J'aime le Moyen-Âge chrétien, et toute l'histoire de France. Quant à mes lectures nourrissantes, il s'agit de tout un éventail de livres, qui va des Présocratiques, dont les fragments m'ont toujours troublé, à quelques-unes des plus récentes œuvres poétiques ; je lis et relis la Bible ; je lis et relis *Les Métamorphoses* d'Ovide, l'un des plus beaux livres qui furent jamais écrits ; je lis et relis les livres de Pétrarque, de Maurice Scève, de Charles Baudelaire, de Paul Verlaine, de Stéphane Mallarmé, de Pierre Jean Jouve, de Marguerite Yourcenar, de François Augiéras.

C.B. – Vos poèmes ont une apparence assez limpide et ont l'air de couler de source. Pourtant, vous dites qu'ils sont cryptés. Qu'entendez-vous par là ?

F.T. – Chaque mot du langage, du fait de son histoire, a son abîme, sa terre et son ciel. La voix des morts parle en chacun d'eux. Dans le poème, il s'agit de ne jamais oublier ces strates, qui sont autant de lectures. Dès lors, s'il n'est pas question, pour moi, de composer une poésie volontairement obscure (au contraire, c'est à un éclaircissement de plus en plus large que j'aspire), j'aime à introduire, au sein de mes livres, en écho à cet abîme, à cette terre, à ce ciel, à toutes les voix des morts, ce feuilletage du sens (le sens étant toujours flottant), cette épaisseur, à travers des reprises, des arabesques, des miroirs.

C.B. – Vous tissez entre vos poèmes des passerelles, dites-nous-en davantage sur la construction de vos livres.

F.T. – C'est la conséquence immédiate de ce que je viens d'esquisser. Un labyrinthe discret se déploie dans l'œuvre des poèmes, et s'offre ainsi qu'une trame intérieure. Il s'agit d'un kaléidoscope, en quelque sorte, proposé au lecteur attentif. Il y a autre chose, chez moi, également : le goût de la variation, qui est la répétition indécise du temps, son approfondissement tout aussi bien, son recommencement conscient.

C.B. – La mémoire est capitale pour vous, et vous permet notamment de coiffer la totalité du livre que vous êtes en train de composer ; vous avez également un système de «rangement» des poèmes dans différents compartiments de votre mémoire. Expliquez-nous le processus de création lié à cela.

F.T. – La mémoire est en effet capitale. N'oublions pas, si j'ose dire, que Mnémosyne est la mère des Muses, et que, selon les Grecs, elle préside à toute poésie. Je me souviens d'avoir été très impressionné par l'histoire de Simonide de Céos, ce poète qui, selon Cicéron, est l'inventeur de l'art de la mémoire. Cicéron raconte que Simonide était sorti de la salle d'un banquet où il avait été invité. Durant son absence, le toit de la salle s'effondra sur son hôte et tous ses invités. Dans les décombres, les corps étaient si mutilés qu'ils en étaient devenus méconnaissables. Mais le poète se rappela la place exacte que chacun des convives occupait, et l'on put ainsi identifier les corps. Simonide avait « rangé » ces emplacements dans sa mémoire ; cette macabre légende est, semble-t-il, à l'origine de cet art des Anciens qui s'est en partie perdu, hélas. Cette histoire à propos de Simonide résonna immédiatement en moi : j'allais ainsi depuis « toujours » (c'est d'ailleurs la raison pour laquelle je n'ai jamais fait beaucoup de fautes d'orthographe, les mots ayant une valeur plastique pour moi ; j'ai toujours « photographié » et dès lors classé leurs graphies dans ma mémoire). Comment dire ? C'est comme si sous mon crâne s'élevait un grand palais, parcouru d'escaliers, de corridors, et constitué d'immenses ou petites salles, dans lesquelles sont disposées des dizaines d'armoires qui elles-mêmes, une fois ouvertes, laissent s'entr'ouvrir des tiroirs. C'est dans ces escaliers, ces corridors, ces salles, ces armoires et ces tiroirs que je dépose ou range les textes que je compose mentalement. Il y a même un jardin, puis un parc se déroulant devant le palais, qui sont destinés à accueillir quelques ébauches...

C.B. – Vous avez nuit et jour sur vous un carnet pour noter phrases et vers. Quels rapports entretenez-vous avec l'inspiration ?

F.T. – Tout cela est très capricieux, et ne dépend pas de moi. Il est vrai que ce carnet m'est indispensable, puisque, à tout moment, peuvent survenir une phrase, une expression, qu'il me faut noter avant qu'elles s'enfuient ainsi que des oiseaux. L'inspiration est-elle donnée pour rien, naît-elle dans l'envolée fébrile, selon quelque pur hasard, ou est-elle le fruit d'une longue rumination ? Le poète est-il un oiseau ou une vache ? Je ne le sais pas ; sans doute participe-t-il des deux.

C.B. – Vous êtes en constante ébullition poétique et avez réalisé, en marge de l'œuvre dont nous parlions, de nombreux livres de poèmes en collaboration avec des artistes, des ouvrages alliant vos photographies et vos poèmes, et de multiples auto-éditions de jeunesse. Ainsi que d'autres livres encore. Vous tenez également un blogue qui vous sert de laboratoire et de musée personnel. Pouvez-vous nous parler de toute cette activité tentaculaire ?

F.T. – Celle-ci m'est essentielle. J'ai une grande admiration pour les peintres et les dessinateurs, pour les photographes aussi ; c'est un plaisir que de pouvoir concevoir des livres d'artiste ou des cartes d'art avec certains d'entre eux que j'ai la chance de connaître ou d'avoir connu. Mes livres de photographies sont, outre le fait que je me méfie grandement de la conservation numérique, laquelle est instable, volatile, infiniment plus fragile qu'on ne le croit, ces livres sont une manière pour moi de créer une œuvre parallèle, où l'image prend le pas sur le mot ou l'accompagne. Quant à mes ouvrages antérieurs à 2005, date à laquelle je publiai mon premier livre chez un éditeur, il s'agit de poèmes et de contes que je ne renie en aucune façon mais que je ne considère pas dignes d'une publication « officielle » ; ce sont des étapes, seulement, et je n'ai guère songé à les proposer à quelque éditeur : l'auto-édition, que l'Internet a rendue extrêmement facile, m'est apparue comme la meilleure solution ; en 2008 et 2009, je publiai presque tous mes premiers livres (écrits entre 1991 et 2005) grâce à l'imprimeur, un peu ridiculement nommé Lulu (moins ridiculement, toutefois, que l'autre (et excellent) imprimeur auquel j'ai recours pour mes albums photographiques, Blurb (!), qui offrait ce type de service, et qui a le mérite de proposer une sorte de librairie virtuelle dont les livres sont imprimés à la demande. En ce qui concerne mon blogue, vous usez du mot « laboratoire », qui lui convient parfaitement ; les publications sont instantanées, souples, ajustables, rien n'y est figé comme dans un livre imprimé ; il y a là une liberté incomparable ; et puis, il me faut bien en convenir, ce blog m'est une vitrine inespérée pour mes publications. Certes, plus il y a de communication virtuelle, numérique, plus la solitude augmente ; mais certains échanges et certaines connaissances sont rendus possibles par cette entremise-là. À la fin, mon blogue est l'équivalent, quelque peu filtré bien sûr, de mes carnets de notes, il fait partie de mon atelier de composition, de même qu'il constitue, avec toutes les photographies que j'y dépose, l'agenda de mes voyages, de même, encore, qu'il me permet d'y présenter mes petites peintures et mes dessins.

C.B. – Après avoir un peu pénétré les arcanes de votre création, remontons à la surface avec cette question essentielle : que représente pour vous un poème ?

F.T. – Le poème suppose une très haute idée du langage. C'est le contraire du bavardage ; je ne dis là rien de bien original, Mallarmé avait déjà honni l'« universel reportage ». Le poème est l'âme du langage – si l'on prend le mot « âme » dans toutes ses acceptions.

C.B. – Qu'est-ce qui vous incite à choisir le vers libre ou le poème en prose ?

F.T. – Le choix de la forme est crucial, bien sûr. Il s'impose selon ce que le poème souhaite faire resplendir : est-ce un chant difficile, est-ce un chant léger ? Le vers est ailé ; la prose est plus « dure », plus « concentrée », avec ses ailes personnelles. Le vers a connu de nombreuses métamorphoses, depuis plus d'un siècle ; je songe au vers libre, bien sûr, qu'il n'est pas moins difficile à manier que le vers régulier. Ce dernier n'est pas enseveli, contrairement à ce que l'on peut observer couramment, mais il s'offre, désormais, ainsi qu'une possibilité parmi d'autres ; le vers libre, lui, doit veiller à ne pas sombrer dans quelque facilité, trop souvent répandue. Quant au poème en prose, je l'ai déjà dit à l'occasion d'un autre entretien, il est la proposition et l'expression d'un autre Chant dans la langue, lequel Chant exprime quelque autre heurt, quelque autre rythme, quelque autre tension. Le poème en prose ajoute une corde à toute la Lyre. En ce qui concerne mes livres, j'aime à m'imposer, dès le commencement, une forme à laquelle je resterai fidèle tout au long des pages qui les constitueront.

C.B. – Ultime question. Quelle place tient la musique dans vos poèmes ?

F.T. – J'écoute de la musique jour et nuit ; cependant, jamais je n'en écoute lorsque j'écris. Je pense qu'il ne faut pas parler de musique, lorsqu'on parle d'un poème, mais de musicalité ; c'est-à-dire qu'il faudrait parler d'un écho. L'harmonie est ce que se partagent la musique et le poème. Ils en usent d'une façon différente, nécessairement ; leurs horizons se joignent sans coïncider exactement. La musique est le plus haut art qui soit, c'est pour moi une évidence ; mais Dieu et ses anges écoutent-ils Mozart, ou préfèrent-ils lire Charles Baudelaire ou quelque autre poète ? Je n'en sais rien, évidemment ! Il m'apparaît que la musique est l'art supérieur ; le poème peut signaler cette hauteur, à sa mesure.

C.B. – Merci Frédéric Tison.

F.T. – Merci à vous.

Propos recueillis en avril 2021,
avec l'aimable autorisation de Poésie/première. Entretien de Claire BOITEL avec Frédéric TISON paru dans le numéro 80 de la revue **Poésie/première**, en septembre 2021.

Choix de poèmes de Frédéric TISON

Par Claire BOITEL

Saisir la ville où l'ombre de toi-même est vague
Assez pour se confondre avec celles des arbres
Et murmurer… : l'empire où tout bruit est si vaste
Que tes lèvres en d'autres lèvres sont tombées ;
D'autres ici ont passé comme toi pour trouver
Au carrefour de branches et de pierres un visage.

Les Effigies, **Éditions Librairie-Galerie Racine, 2013**

Crois-tu à la neige — je l'ai posée même sur les oiseaux —, crois-tu à d'autres tombeaux ? Je ne suis que l'une des voix de l'hiver.
J'ai fait de ma patience l'ombre un peu grise qui se loge dans les fenêtres et les ailes.
Crois-tu que je suis seulement belle ? Je suis la peine et le déchet du ciel, et je connais ton corps comme les masques et l'oiseau mort.
M'entends-tu au sujet du silence, celui que j'ai placé entre les pierres, sur la rouille et parmi les flocons de neige — avant qu'une fleur naisse ?

Le Dieu des portes, **éditions Librairie-Galerie Racine, 2016.**
Prix Aliénor 2016

Je suis larme et la plus douce
Des larmes qui naissent du regard,
La plus étonnée des larmes,
La plus pure ai-je longtemps cru ;
Je perle où commencent vaux et forêts,
Je noierais villes, collines, tertres,
Châteaux et campagnes si j'étais amère ;
Vois : j'augmente les sources
De toutes mes vagues, je coule
Sous tes arbres — Ajouteras-tu
Là de tes yeux quelque éclat ?
Je suis larme et la plus lente
Qui peine sur ta joue.

Aphélie **suivi de** *Noctifer*, **Éditions Librairie-Galerie Racine, 2018**

Clarté des fenêtres, ville
D'une eau plus claire que le monde
Et tes pas qui font un bruit de verre et de brise…
Allume
Encore ces lampes de neige,
Que l'écume en déborde les avenues
Parmi l'éveil de fleurs plus nues :
Ce sont là celles où tu achèves de me voir,
Celles où tu n'es pas vaincu
Par le soir — clarté des fenêtres !
Par où te fait signe mon histoire.

Aphélie **suivi de** *Noctifer*, **Éditions Librairie-Galerie Racine, 2018**

Aube neuve, aube polie par la nuit,
— Aube plus que rose et lys, et feu,
Première née d'une reine profonde,
Ombre éveillée — Comme j'ai rêvé !

D'une main — est-elle assez légère ? — j'entr'ouvre
Le tombeau d'une autre lumière.

Aphélie, **suivi de** *Noctifer*, **Éditions Librairie-Galerie Racine, 2018**

Dans ce pays, mes vêtements sont blancs
ma chemise est d'argent, mon pantalon de neige.

Dans ce pays, je fais le ciel mien.

Dans ce pays, je donne des fêtes douces et secrètes. Ici, je sème mes nuages et mes lois. Dans ce pays, j'ai mes rois et mes reines.

C'est dans ce pays que s'élève mon palais d'eau murmurante.

La Table d'attente, **Éditions Librairie-Galerie Racine, 2019**
Prix du Poème en prose Louis-Guillaume 2021

Une respiration, un baiser sur mes lèvres : est-ce toi qui viens jusqu'à mon corps troublé ?

Jadis je caressais tes oublis — J'attends le jour où je mettrai tes mains au creux des miennes : fuira-t-il assez cet oiseau qui est toi, loin de mes bras ?

(Il paraît que la haute mer connaîtra son corps épuisé — ses regards, ses saisons, ses années — dont les eaux feront des vents et des chansons.)

Un doigt sur tes lèvres et je viens m'y échouer.

La Table d'attente, **Éditions Librairie-Galerie Racine, 2019**
Prix du Poème en prose Louis-Guillaume 2021

Je suis ici le rythme et l'élan d'un autre vent, d'un autre chant, d'un autre temps.

Nuages ! Haltes incessantes, je suis ici le mouvant.

Je suis ici l'eau vivante — Mort ! Que je te peigne sur fond d'or ou d'océan… Soirs ! Que je vous baigne dans mes miroirs et mes rouges… Amour ! Que je t'invente…

Je serai là l'image qui manque, la ressouvenance, la pleine fenêtre et l'innombrable passant.

(*La Table d'attente***, Éditions Librairie-Galerie Racine, 2019. Prix du Poème en prose Louis-Guillaume 2021.)**

*

Marcher et danser dans une ville où je t'aime —, de joie j'en ferme les yeux !
Sur les quais du fleuve, parmi les couleurs mobiles et chaque vœu, chaque péril entr'aperçu —, boire ton vent clair et ton odeur…
Longer l'eau, les bateaux, les façades —, dans ma chambre c'est l'histoire d'un amour par-delà chaque soif et chaque peau.

Nuages rois, **Éditions Librairie-Galerie Racine, 2021**

« Je suis le nuage, l'inoubliable, ce rêve en toi qui te parle —
As-tu appris de mes forêts, de mes absences, de mes étoiles ?
As-tu appris de mes herbes, qu'interrompent les murs de tes

jardins, la pierre de tes rues, celle de tes salles ?
— Moi, qui connais le nombre du nuage, le nombre de la neige et le nombre du sel. »

Nuages rois, **Éditions Librairie-Galerie Racine, 2021**

PARTIE III

POÈMES

Poésie des combats

Dans l'arène sombre de la vie, l'injustice jette son voile,
Les luttes amères se dévoilent
Et les strophes vaillantes brillent dans la nuit, comme des étoiles.
Le poète critique et condamne en vers
Tous les maux dont sa société souffre.
Au fond de l'encre, la plume se fait sabre.
Couché sur le papier, le combat est mené.
Les mots, tels des guerriers, avancent sur les pages,
Révélant batailles sans âge et résolutions sages.
Les rimes tranchantes, telles des épées aiguisées,
Célèbrent des héros de l'ombre, souvent oubliés,
Dénoncent crimes et horreurs, souvent tolérés.
Les vers, tels des cris de révolte et de résistance,
Évoquent la bravoure, le défi et la persévérance,
Ébranlent les acquis et secouent les esprits.
Dites-moi donc : quoi de plus noble et élevé
Qu'une poésie des combats, une poésie engagée ?

Arwa BEN DHIA

Le prince des nuées

La poésie touche l'humain,
Car elle émane du divin.
La poésie est un moyen
De lutte contre l'ennui,
Contre l'enlisement,
Contre l'abrutissement,
Contre le temps,
Contre l'oubli.
Poétiser, c'est résister !
C'est rejeter la médiocrité
Et les vices de la société,
En le criant en toute beauté.
C'est hurler : Je refuse !
Souvent en rimes, sans trembler.
Chargé de tant de sensibilité,
Et quand bien même hué,
Le prince des nuées
Ne saurait abdiquer.
Si Dieu existe, il est Poète.

Arwa BEN DHIA

Le poète phare

Ainsi, dans les entrailles du temps, le poète se plonge,
Témoin des injustices, il abhorre les mensonges.
Ses doigts enflammés, fébriles et sincères,
Tapent sur le clavier les sanglots de la terre.
La poésie engagée est son arme choisie,
Pour dénoncer l'iniquité, la tyrannie.
Darwich, Ouled Ahmed, Matoub, Al-Chebbi,
Dans chacun de leurs vers, une colère gronde,
Contre les chaînes qui emprisonnent ce monde.
Tunisienne, fière héritière de Gisèle Halimi, de Bourguiba,
De Tahar Haddad, de Taos Amrouche, de Koceila et de Dihya,
Fille d'Arwa de Kairouan qui a dit non
À une infâme polygamie,
Je ne peux qu'être une fervente rebelle
Et m'insurger contre les prétendus envoyés du Ciel.
Je ne cache, ne mâche ni ne maquille mes paroles.
Un poète n'est pas seulement le chantre des mots,
Mais le miroir des affres, des abus et des maux.
Dans ses poèmes, résonnent les voix oubliées
Des opprimés, des exclus, des persécutés.
Sa poésie est un cri, un appel à la liberté,
Un hymne à la justice, à la fraternité.
Poète engagé, témoin de son temps,
Il écrit l'histoire, les combats, les tourments.
Ainsi va le poète, tel un phare porteur de lumière,
Guidant nos pas dans les ténèbres, dans la guerre.
Sa plume est un fleuret, son verbe une épée,

Pour que le monde, enfin, trouve en lui sa paix.
Vive la poésie, vive la liberté !

Arwa BEN DHIA

« Je sens gronder en moi la colère des foules
Je sens vibrer en moi leur rage de vivre. »

René Depestre
Rage de vivre.

Thébaïde des exilés

Partir est un acte d'amour vers soi.
La route de l'espoir,
Le devoir des audacieux,
Des corps épuisés,
Qui témoigne pour l'exilé,
Sa mémoire,
Les mémoires agissent comme ces images de désespoir.
L'exil peut condamner l'homme à une errance sans fin,
devenant une voix que l'on n'entend plus.
Traversant sentiers, chemins, peurs et terreurs.
La preuve que toute liberté s'arrache.
Des images de vies abandonnées,
Rêvant d'autres rives,
Rêvant d'autres senteurs,
Des rêves forgés par le désespoir,
Des rêves forgés par des souffles,
Des rêves forgés par des regards,
Des regards forgés par des lueurs d'espérance,
L'homme renaît de ces regards qui s'unifient vers le ciel,
Retrouvant le langage des cœurs.
Transformer nos errances en éclats d'optimisme à la force
de nos songes.
On porte toujours le souffle de vie comme on porte son

âme.
L'exil devenant sacré.

Rachida BELKACEM

Paris, février 2024

Des mots pour tout dire
Quel **remue-méninge** pour chasser **un cheval de Troie**
Baladeur qui cavalcade dans votre ordinateur ou votre téléphone **mobile !**
La **galère** est bien là quand vos données deviennent irrécupérables
Séance tenante votre tension artérielle va **crescendo**
L'envie d'**escagasser** l'appareil vous gagne
Faute d'avoir un **mentor**
Rien de tel que de trouver une échappatoire
En s'asseyant devant la télé et **zapper** à souhait
Une nouvelle **variante** entrera-t-elle en lice ?

Maggy DE COSTER

Texte composé avec les dix mots de la semaine de langue française (2010), fournis par Le Ministère de la Culture : Crescendo, remue-méninges, mobile, variante, galère, baladeur, cheval de Troie, mentor, escagasser, zapper.

Allant à la **kermesse** du village
Ciblé par les flèches empoisonnées
Du clan ennemi le jeune homme les esquiva

Par la grâce de son **gri-gri** à cou suspendu
Eviction d'un coup fatal
Bravo à ses braves ancêtres
Luttant jadis pour le salut de sa tribu
Jusqu'à ce que mort s'ensuive
Stratagèmes, rivalités et **amalgames** tels furent le lot
Qu'au quotidien ils affrontèrent
Méritant ils étaient mais absents de **wiki**
Point de place pour eux
Cheminant longuement dans la forêt
En quête de **zénitude,** il découvrit par **sérendipité**
L'étonnante empathie qui caractérise les être sylvestres

Maggy DE COSTER

Texte composé avec les dix mots de la semaine de langue française (2015), fournis par Le Ministère de la Culture : kermesse, ciblé, gri-gri, bravo, amalgame, wiki, zénitude, sérendipité.

Passe-temps **favori** à créer des **avatars**
Un jeu d'enfant et d'adulte mordus
Non par des tiques mais de l'informatique
Viviers de **pirates**
Héberger un site c'est tout naturel
Avec un **fureteur** pour naviguer sur son ordinateur **nomade**
On va plus loin que les oiseaux
Et nos logées dans un **nuage** gagneront l'éternité
Ce n'est pas un **canular**
Avec une palette **d'émoticônes**
Il y a de quoi dimensionner ses sentiments
À l'envoi des messages

Mais, à quoi bon **télésnober** l'autre ?
À tes côtés assis.
Place aussi à l'interface.
Maggy DE COSTER
Texte composé avec les dix mots de la semaine de langue française (2017), fournis par Le Ministère de la Culture : Favori, avatar, pirate, héberger, fureteur, nomade, nuage, canular, émoticônes, télésnober.

Coup de chapeau à la poésie

La poésie permet tout
Les coups de gueule, les coups de grâce
Les coups de cœur, les coups de soleil
Les coupes d'amour, les coupes de j'aime

À coup sûr, mieux qu'un coup de fil
qu'un coup bas, qu'un coup de barre
qu'un coup de bourre, qu'un coup de trique
qu'un coup de cochon, qu'un coup de dents

On fait des vers, un coup d'État
Un coup d'envoi contre l'état du monde,
Contre les coups de fouets, les coups de frein
Les coups de froid, les coups de fusil

Les poètes ont le coup d'œil
Ils n'aiment pas le hasard,
les coups de dés, les coups de poker
les coups de lapin, les coups tordus

Les coups droits
Les coups fourrés
Les coups de poings
Les coups sur coups

Les coups durs
Les coups fumants
Les coups montés

Les coups d'épingle

Insuffisance, Inconstance !

Ils bannissent les coups de fureur
les coups de pattes, les coups de pieds
les coups de poignard, les coups de feu
les coups dans le dos, les coups de face

D'un coup de balai, d'un coup de maîtres
D'un coup de main aux démunis du verbe
Ils amortissent les coups de bélier
Les coups de butoir, la violence

Un coup de coude, un coup d'épaule
Un coup de fion, un coup de tête
Et d'un coup sec, sans prendre un coup
Par à-coups, ils marquent le coup

D'un coup de plume, d'un coup de pinceau
Sans coup férir, l'artiste tient le coup
C'est un beau coup, assurément
Un poème, ça vaut le coup !

Il fait beau tout d'un coup
On se hâte, sous le coup,
D'un coup de reins, d'un coup de sang
D'un coup de sifflet, coup de théâtre !

C'est un vrai coup de tabac
Le poète, d'un coup de baguette
Tout à coup, d'un coup de semonce
Discute le coup, on a hâte

On se précipite, c'est coup double
A tous les coups, il a gagné
Il donne un coup de collier
Le farceur encaisse le coup

Et par à-coups, accuse le coup
C'est un coup de masse
Un coup de massue
L'effet poésie !

Sarah MOSTREL

À la porte du ciel

Elle verbalise les maux et dissipe les nuages
Elle glisse sur les creux qui s'érigent en images
Elle a ce merveilleux pouvoir délicatesse
D'embaumer la douleur de beauté et joliesse

Elle défend l'avenir, blâme les combattants
Ceux qui dans les guerres massacrent tant d'innocents
Elle apaise les hommes rompus à leur ouvrage
Elle dénonce l'infamie et même le temps qui passe

Elle est porteuse d'espoir, d'entente et d'harmonie
Ce n'est pas pour rien qu'on l'appelle poésie !
Cette façon de vivre, d'être, de discourir
Se veut réveil des sens, du cœur, des émotions

Sentiments, enthousiasmes, la paix semble si proche
Et pourtant, de tout temps, le fléau recommence
Les dictatures s'installent, faisant fi des pauvres hères
Assujettis à leur domination insane…

Si seulement le bon sens, l'amour, la compassion
S'imposaient en leurs pas ; si seulement les soldats
S'opposaient à l'absurde, aux ordres des états
Imbus de leur puissance, absents de toute clémence

Portant haut leur ego et méprisant leur peuple
Défendant leur basse-cour sans aucune pensée
Envers les âmes qui triment pour récolter un peu

Ce que sème le tyran, que rien n'émeut pourtant…

Si seulement les nations étaient comme des sœurs
Elle se tendraient la main, en un mouvement solaire
Et de leurs bras mouvants, avides de plénitude
Elles s'uniraient prospères de leurs riches cultures

Pansés, seraient les plaies, les coups et les blessures
La fortune de l'une renflouerait celle de l'Autre
Non pas le monétaire mais les fleurs intérieures
Qui ornent les existences des êtres face à la vie.

Sarah MOSTREL

L'harmonie du monde

L'admission de la femme à l'égalité parfaite
serait la marque la plus sûre de la civilisation ;
elle doublerait les forces intellectuelles
du genre humain et ses chances de bonheur.
Stendhal

Égalité des droits — sociaux et politiques,
Égalité face à l'emploi, égalité économique,
Égalité des sexes, égalité des voix
Égalité des chances, égalité salariale

Ce sont les historiens souvent qui font l'Histoire
D'où hélas le peu de femmes mises en avant
Dans les domaines politique, scientifique, artistique
Dans le sport, la peinture, l'aventure, la musique

Liberté totale dans le secteur professionnel
Mixité, parité, de façon naturelle
Les décisions concernant les femmes sont souvent prises par les hommes
Et si on investissait dans le capital humain féminin ?

Dégenrer les titres de postes
Anticiper le congé maternité
Encourager le congé paternité
Sensibiliser à l'égalité

Femmes, sexe faible ?

N'ont-elles pas le droit de vivre libres
De toute violence et discrimination
Du joug de leurs conjoints, chefs, pères, dominants ?

Favoriser leur carrière malgré la maternité,
Améliorer l'organisation et le bien-être au travail
Attirer et garder les talents
Considérer l'être, et ses contingences

S'adapter à elles, femmes enceintes, mamans,
Compagnes d'hommes bien heureux d'avoir un enfant
Qu'ils se doivent d'éduquer tout autant que la mère
Dans les tâches domestiques, ludiques, logistiques

Si longtemps aux femmes, furent interdits
Les droits élémentaires, de vote, de contraception,
D'autorité parentale conjointe, de divorce, de professions
Celles qu'elles auraient choisies, sans nul autre critère

Égalisons enfin et définitivement
Les salaires des femmes pour une même fonction
Continuons, libérons la parole, écoutons,
Elles sont belles et agissent pour l'équilibre du monde.

Sarah MOSTREL

Yennayer

Pour la fête Yennayer, le nouvel an berbère
La déesse Tamurt, déesse amazighe, le sait,
Qu'avec le feu, la fécondité et la guerre,
Elle ne fera que muer sa peau africaine, tatouée.

Que tu es belle ma mie, à moi offerte,
Quels doigts ont su te modeler, te caresser,
De ta bouche à peine entrouverte,
J'entends le murmure de nos vallées.

Un souffle qui réclame son identité,
Et qui gémit sur les flancs du Djurdjura.
Le cliquetis de tes bijoux finement ciselés
Vante l'histoire de nos contrées et bien au-delà.

Le vent secoue les rameaux d'oliviers,
Et vient caresser ton front, orné d'un diadème,
Il passe entre les branches des figuiers,
Offrande faite à la liberté telle à un poème.

J'ai la nostalgie d'un de tes sentiers séculaires,
Chemin qui conduit aux confins des souvenirs,
Sinueux et inhabité il mène hors de l'estuaire
Soummam, où mon esprit se libère de son désir.

Des ronces et des mûres sauvages te jalonnent.
Bgayet, la Sanhadja concurrence Tlemcen, la Zénète.
Cité convoitée pour ta cire d'abeille, turayonnes,

Et en ce yan, numéro un, et ce ayyur, mois, je te fête.

Yasmine MADAOUI

Petit poisson rouge

De mes doigts, j'entrelace des mots griffonnés avec amour,
Pour que la nuit soit, à mon petit poisson, de velours.
J'ai fait un rêve, un merveilleux rêve.
Que des fleurs, j'avais planté avant que le soleil ne se lève.

Elles ont toutes fleuri, tendre de couleur.
D'une douceur qui fait frémir mon cœur.
Je marchais sur ce fleurage moelleux, elles me caressaient.
Elles frôlaient mes nus pieds, j'avais l'impression de voler.

Mon âme était aux anges, comme envoûtée,
Fixée par un regard dissimulé derrière des verres teintés.
Je me suis réveillée, les yeux, sur le bocal, myopes,
Et, en larmes, je lui confie : « Pas glop, pas glop… »

« Mon petit poisson rouge, retires donc tes lunettes noires,
Tu n'en as plus l'utilité pour me guérir du désespoir. »
Dans mon lit, je ferme le sas de ma conscience et j'oublie,
Pour mieux entendre ce que tu me confies.

Ta voix s'envole
Et m'affole
Elle me subjugue.
Je déserte et je fugue.
Je traverse les eaux bleutées
Pour capturer mon aimé.
Petit poisson rouge,
De ton bocal, tu ne bouges.

Tu le sais, tu m'ensorcelles,
Mais tu ignores mon appel.

Yasmine MADAOUI

Histoire d'une poignée de portière de voiture

Le feu est vert.
Lui dans son auto,
Ne bouge pas.
Il l'attend.

Derrière,
Dans l'autre véhicule,
À la place du mort,
Elle s'accroche,
À la poignée de la portière.
Elle va l'ouvrir,
Elle va le rejoindre.
Ils vont partir.
Ils vont s'aimer.
Pour l'éternité.
À jamais.

Mais la porte de la portière,
Reste désespérément fermée.
Il tourne à gauche.
Elle le suit du regard.
Il disparaît.
C'est fini.
Elle relâche doucement
Ses doigts recroquevillés
Sur la poignée de portière.

À chaque visionnage,
Je prie,
Je supplie,
Qu'elle finisse par l'ouvrir,
La porte de la portière.
Elle ne l'a jamais ouverte.
Mon cœur se déchire,
Se brise, à elle liée.

Yasmine MADAOUI

Elle est partie,

C'est une absence qui n'en finit pas de s'allonger.
Son doux regard sur moi me fixe sans sourciller.
Je ressens la chaleur de son corps à mes côtés.
Elle me murmure, sourit et continue à me bercer.

Et pourtant,

Elle dort,
Elle dort blanche,
Il fait froid dehors,
Et mon cœur flanche.

Elle dort sans souffle,
Les yeux clos.
Un linceul l'emmitoufle.
Je retiens mes sanglots.

Elle dort pour l'éternité,
Le corps vide,
Ses battements stoppés,
Son visage sans rides.

Quand elle dort, je la regarde,
Elle n'est plus là.
Son âme se lézarde,
Et s'en est allée, d'ici-bas.

Et maintenant

Je purge ma peine, j'égraine les secondes.
Mes joies voilées d'une brume profonde,
Et, furtif, le temps trompeur fuyait.
Une année passe, une autre prend le relais.

La toupie du temps en moi se réveille.
Tes yeux comme endormis veillent.
Sur moi je sens le souffle de ton haleine,
Et tournoie mon âme en grande peine.

L'instant gravé dans le souvenir furète,
Se disloque pour mieux réapparaître,
Puis exploser dans mon triste cœur,
À la recherche désespérée de ton odeur.

Yasmine MADAOUI

Pedro VIANNA

Post-soviétisme

L'infini fonde l'éternité de la poésie
La domination assure la pérennité de la révolte
Le temps affirme la certitude de la révolution

Pedro VIANNA
Paris, 12 mars 1993

Un poème court
Est comme un bref amour
Soit il brûle
Soit il fait sourire

Pedro VIANNA
Parnes, 15 juillet 1977

Poème sans titre

Comme les joyeux enfants
Des mois de mai de jadis
La poésie — hérésie
Sonne aux portes — inertes
En quête de charités

Pedro VIANNA
Paris, 12 novembre 1980

Impulsion coquelicots

Répulsion
Parce que nous sommes aimants
Pulsions vives
D'Al Jezaïr

Brûlée au sang
Cautérisée
Plaie après plaie
Jusqu'à aimer
Le vert brûlé de l'olivier
Le blanc des nuits sans sommeil
Le rouge de mon amour

Re pulsions
Parce qu'amants

Je me penche sur l'étoile
Qui danse innocemment
Au firmament
Avec la lune

Je t'attends
Animée
De mobiles
Pulsions

Dans le champ vert des mots d'amour
Puisés au blanc lait des coquelicots...

Geneviève GUEVARA

Déesse

Je réinvente l'océan
Troué de mille détritus
Gonflé de mille cadavres
Je le réinvente de perles nacrées
Nouées aux dentelles d'écume
Brodée de fils de sel

Je réinvente la terre
Tétée de mille façons
Éventrée de mille tessons
Je la réinvente de sentes odorantes
Délivrée et parée de jasmin et de mimosa
Coiffée de chants de soleil

Je réinvente la route de la soie
Je la réinvente au-delà de Babel
Un carrousel de phonèmes fous
De couleurs tissées safran et cardamome

Je réinvente la langue
Les mots et leurs sens
La saveur aux papilles
Le baiser à l'éblouissement

Je réinvente le monde
À la bannière de mes rêves
Il se déploie roue ocellée d'étoiles

Je suis Ève naissante
Je réinvente l'éden

Hormis toi l'Adam
Ta magie est tienne

Geneviève GUEVARA

Le nez au vent

En liberté inconditionnelle, je suis une joyeuse flamme.
Je prends la plume, comme tu prends la mer.
Et me laisse bercer par les émotions et leurs marées folles.
Je les traverse, déliée, ondulant de l'âme.

Prendre la plume, avec mon cœur téméraire.
Pour unique et fidèle boussole.

Le nez au vent,
Je laisse couler l'encre de mes mots
Comme tu t'ancres au sein des flots.
Mes veines frétillent d'émerveillements.
Mes vaisseaux brûlent d'ivresse contenue...

Pendant que tes filets, patiemment,
Descendent dans l'onde, de ton vaisseau ailé,
Tu contemples l'embrasement de la mer nue...

La houle bouscule ton navire :
La pêche est bonne...
Ton cœur chavire...

La houle chahute : les consonnes
Chatouillent les voyelles...
Tout frétillant, sur l'onde de papier,
Un poème est né...

Geneviève GUEVARA

La nature…

Au couchant
Je me promène dans ton or et dans ton sang.
Avant de disparaître, tu me montres tes secrets, bariolage de vie et de mort.
Tu voudrais en dire plus, tu bégayes rubis. Améthyste.
Hortensia bleu.
Mais déjà, c'est la fin de ton visage
À la mer
Sur ta gelée d'émeraude
Sept mouettes immobiles
Et mon voilier
Plus blanc qu'un cimetière
Aux herbes
J'admire votre souffrance diamantée en hiver —
Pleine lune
Visage figé en plein vol
Par un rêve blanc
— je suis la fleur aux pétales aveuglants
Le bouquet de couteaux
La sève rouge qu'on ne supplie plus
(Je suis le Soleil)

Claire BOITEL

COME TROVARE NUOVE TERRE ?

Se jeter dans la mer
Sans croire aux adieux ni aux lettres insérées dans une bouteille bouchée
Ces lettres sans destinataire précis
Sans l'espoir que quelqu'un finisse par les trouver
C'est le sens pur d'une fracture,
D'une rupture avec la visibilité et le hasard
Des corps, des jouissances
Sous un ciel changeant et ouvert
Le cœur a gelé cette nuit et s'est transformé en une glace…
Ou peut-être en une fresque éphémère

Plonger dans les interminables insomnies basculées
Entre vie et mort,
Entre allégeance et remords
Quand l'aube habite les nuits sonores et la vie dans un port

J'ai arrêté de fumer la cigarette de mon passé
J'ai arrêté de penser aux mots non prononcés
J'ai arrêté de savourer les gorgées de mon café
Je sens le manque de mon corps à chaque fois que je reviens,
L'hypothèse d'une romance est remplacée.
La douleur aux effets doubleurs est remise en question.

Il convient tout de même de préciser que je mens. Je le fais exprès.
C'est affreux de le dire et de t'affronter
Mais c'est la seule vérité qui te fait trembler

Je sens ton cœur battre la chamade sur mes rails,
Dans cette guerre noire qui te ronge de l'intérieur,
Dans cette quête entre les lignes de mes mensonges
Dans cette distance bouleversante qui m'arrange
Je sens des vibrations, des coups comme des mitrailles,
Je sens une angoisse qui s'étend et s'allonge.
Elle harponne ton âme, ton esprit, ta vie
Elle efface nos souvenirs et nos envies
En un seul coup, tout devient mépris.

La Nouvelle Terre est un être en voie de renaître.
Une recréation au gré de la malédiction.

Hanen MAROUANI
Milan, 18 juin 2023

TOUJOURS LÀ POUR TOI

Avant quelques petites heures,
Je te tire vers moi puis je me retire,
Je pense à toi, je calcule les dégâts,
Je mange équilibré puis je lâche prise
Je danse dans un café mais à la fin je fonds en larmes.
J'ai parfois cette mystérieuse et inconnue réaction
Pourtant tu me parais apaisant et indulgent
Cette peur qui se met à prendre des élans dans l'espace et le temps
Ton imprévisible lumière vient de nulle part
Pour prendre une forme confusément transparente
Je la reçois opulemment : tantôt horreur, tantôt douceur

Avant quelques petites heures,
On ne sait pas comment faire autrement,
Comment ranger nos valises et nos affaires convenablement
Dans nos têtes, tout semble loin d'être clair
Pour un enfant abandonné par sa mère
Pour une femme abandonnée par la vie
Pour un clandestin abandonné par son pays

Comment puis-je te dire que je ne veux pas te voir partir ?
Comment puis-je te dire que je ne veux pas te sentir souffrir ?
J'ai peur de ne pas pouvoir un jour te revoir pour te dire tout cela
Même une fois pour toutes,
J'ai juste besoin de te voir une autre fois.
Te voir, te revoir, savoir comment te garder à mes côtés à

jamais
Une dernière fois où on ne demande pas pourquoi.

Avant quelques petites heures,
On ne demande rien que toi et moi
C'est ce que je veux de toi :
Ton empreinte dans ma mémoire
Ton sourire clair-obscur, tes yeux mi-clos,
Ton passage sur ma peau, ton voyage à travers mes mots
On se tient l'un à l'autre même quand nos corps disparaîtront
La promesse des amoureux qui se séparent par le rideau
La force des âmes qui s'émiettent
Le contrôle des larmes qui sont toujours prêtes
On ne peut pas faire semblant d'être ce qu'on n'est pas.
Pas tout de suite. Pas tout le temps. Pas pour longtemps.

Hanen MAROUANI
Milan, 11 juin 2020

AVERE NUOVE OCCHI

Si je pars à l'instant,
Je sais que tu veux mon bonheur
Je sais que tu mens
Je sais que je ne sais rien
Mais je me pose toujours cette question : « suis-je capable de t'oublier ? »
Je pourrai te donner l'impression d'une nuance de vide et de plein,
Une santé de fer, un moral d'acier, une fenêtre sur le deuil

Tu te fais des idées exagérées
J'entends tes doutes et tes hésitations
Elles annoncent tes nouvelles dents de sagesse
Pas de force pour réfléchir. Pas de potentiel pour s'en sortir

Là-bas ? - Oui, là-bas dans un coin d'ombres,
Il y aura les éclats de tes nouveaux yeux.
Le fou rire d'un enfant qui n'est pas heureux
Une traversée effondrée par les pas pressés d'un étranger
Pour nous raconter les impulsions immédiates

Et devant l'erreur humaine, le trajet demeure une éternité.
Et devant le miroir matinal, la leçon de morale est désavouée,
Se confondent les cris mal-vivants des chants d'amour, chaque nuit.

La bretelle dorée d'une robe recyclable est tombée sur le grain de beauté

Pour taper fort sur ton âme inclinée.
Tous les deux fondent devant le feu fruité et la victoire d'une idée.

Si je pars aujourd'hui
Ne sois pas triste sans moi
Je souhaiterais te chanter l'idée d'une pente perdue dans la montée d'escaliers
Toute une histoire pour fêter le mot « partir » ou l'état d'un « lâcher prise »
Un joyeux paysage vient de s'offrir à mes jours en gouttelettes de pluie
Le vrai voyage est de changer de regard même en étant mouillé.
Pas de terre d'attache. Pas tout à fait.
L'averse est finie. Tout est fini.
Et c'est bon pour la santé.

Hanen MAROUANI
Tunis, 18 juin 2022

Vers de résistance

Dans les dimensions des mots, la poésie danse
Énergie de vers qui fait naître une romance
Métaphores armées, des strophes en bataille
Et soldat de rime, pour chaque mot une maille.

Pour combattre des idées, en couplets, élevées
Pour que les sentiments s'affrontent de pensées
Des poètes en armure de plumes en réalisation
Chantent l'amour, la vie, de par son admiration.

Quand la poésie lutte, dans un champ de bataille,
Où les émotions s'affirment de scènes mémorielles
Vers contre vers, dans un duel d'émotions
L'éclat de syllabes, de vibrantes passions.

Le combat des mots, une quête sans trêve
Pour que personne n'oublie et que la poésie se lève
Les éloges qui résonnent, tel un cri dans la nuit,
D'une lutte perpétuelle pour que ce message survive.

Leila ELMAHI

Imaginer ?

J'imagine que tu es à mes côtés
et tu es à mes côtés.
Je crois que nous nous tenons par la main,
la route n'est pas loin...
Serrons fort nos doigts.
Comme ta main est froide !

Et pourtant tu marches les bras ballants,
sifflotant de l'autre côté du chemin
et ne pense pas à me prendre la main.
J'ai imaginé que nous étions dans ce bonheur
Mais ce temps-là, a-t-il jamais existé ?

Il n'est plus possible de l'imaginer.
A celui qui rêvait on répondait :
c'est trop, tu dois réaliser, trimer, être puni
Malheur si tu rêves d'un partage d'amour
corolle de chant d'oiseau.
Besogner en maudit, ami c'est décidé
c'est la fatalité d'un exil millénaire,
Coryphée du malheur !
Te voici perdu de n'être pas d'ici.
Liberté du Poète. Orphée toujours vivant

Misère-sentinelle

L'arbre du monde, l'arbre de Cézanne est malade, sacrifié ?
Meurtrier du vent, de la vie profonde
l'œil réalité est figé sur les choses confisquées, obturées .
Les enfants du virtuel ont perdu l'avenir,
leurs rêves écartelés au néant de l'instant.
Les gravures simiesques,
carapace d'écrouelles étalées sur les murs
disent une humanité atteinte au fond
et parée de ses lèpres.

Joie du moineau sautillant,
courant léger de la source ignorée,
lambeaux de fête sur le collant des jours.

Au mondial du non-sens
vérole-confusion
Le cri lui-même est banalité.
Il faut louer Dieu et d'être d'ici et d'ailleurs ?

Misère-nausée toujours
au diapason du béton titubant.
Les sirènes d'alarme filent en trombe
vers des casernes cercueils,
fleurs décapitées par le bourreau.

La vie, émerveillement du givre étoilé,
appelle le soleil à l'aide
dans un rayon livide où grisonne la ville.
Caresse de safran, la route de sable-thé

s’endort au bleu glacé de la Sainte Victoire, chasuble dans la nuit.
Pâle soleil du monde, comment vouloir ce non-vouloir ?

Alain Pizerra

Achevé d'imprimer en Avril 2024
Dépôt légal : Avril 2024

Pour

Éditions Milot
17, rue du Pressoir
95400 Villiers-Le-Bel

www.ingramcontent.com/pod-product-compliance
Lightning Source LLC
LaVergne TN
LVHW050538160826
845677LV00011B/2085

* 9 7 8 2 3 8 6 1 7 0 4 1 6 *